Reinhard Kirste

Interreligiöse Zeit-Gedanken

AF551595

Reinhard Kirste

Interreligiöse Zeit-Gedanken

Impressionen und Berichte

Bloggingbooks

Impressum / Imprint
Bibliografische Information der Deutschen Nationalbibliothek: Die Deutsche Nationalbibliothek verzeichnet diese Publikation in der Deutschen Nationalbibliografie; detaillierte bibliografische Daten sind im Internet über http://dnb.d-nb.de abrufbar.
Alle in diesem Buch genannten Marken und Produktnamen unterliegen warenzeichen-, marken- oder patentrechtlichem Schutz bzw. sind Warenzeichen oder eingetragene Warenzeichen der jeweiligen Inhaber. Die Wiedergabe von Marken, Produktnamen, Gebrauchsnamen, Handelsnamen, Warenbezeichnungen u.s.w. in diesem Werk berechtigt auch ohne besondere Kennzeichnung nicht zu der Annahme, dass solche Namen im Sinne der Warenzeichen- und Markenschutzgesetzgebung als frei zu betrachten wären und daher von jedermann benutzt werden dürften.

Bibliographic information published by the Deutsche Nationalbibliothek: The Deutsche Nationalbibliothek lists this publication in the Deutsche Nationalbibliografie; detailed bibliographic data are available in the Internet at http://dnb.d-nb.de.
Any brand names and product names mentioned in this book are subject to trademark, brand or patent protection and are trademarks or registered trademarks of their respective holders. The use of brand names, product names, common names, trade names, product descriptions etc. even without a particular marking in this works is in no way to be construed to mean that such names may be regarded as unrestricted in respect of trademark and brand protection legislation and could thus be used by anyone.

Coverbild / Cover image: www.ingimage.com

Verlag / Publisher:
Bloggingbooks
ist ein Imprint der / is a trademark of
OmniScriptum GmbH & Co. KG
Heinrich-Böcking-Str. 6-8, 66121 Saarbrücken, Deutschland / Germany
Email: info@bloggingbooks.de

Herstellung: siehe letzte Seite /
Printed at: see last page
ISBN: 978-3-8417-7307-4

Copyright © 2014 OmniScriptum GmbH & Co. KG
Alle Rechte vorbehalten. / All rights reserved. Saarbrücken 2014

Inhaltsverzeichnis

4. Begegnung der Religionen – lokale und globale Impressionen

5. Islam und Alevismus: Riten, Feste, Theologie

Vorwort

Dieses Buch stellt eine kleine Auswahl aus meinen Blogs dar, die regelmäßig unter verschiedenen aktuellen und grundsätzlichen Gesichtspunkten veröffentlicht werden. Sie haben als Schwerpunkte die Begegnung der Religionen, stellen religiös interessante Themen vor und beschäftigen sich mit theologischen und meditativen Themen. Dabei geht es nicht nur darum, aktuelle Ereignisse zu beschreiben und zu kommentieren, sondern auch längerfristig Entdeckungen zu machen. Dazu gehören Die seit Jahren geführten Blogs haben als Titel:

- **Dialog der Religionen** – Übersichten zu den einzelnen Themen.[1]
- **Interreligiöses Dialog-Journal**: Berichte zu aktuellen Ereignissen oder Empfehlungen zu bestimmten Orten und Personen.[2]
  Hier kommen immer wieder Ereignisse zur Sprache, die in Vergangenheit und Gegenwart beachtliche religiöse Wirkungen auslösten. Sie werden auch aus interreligiöser Perspektive kommentiert.
- **Rezensionen – „Ein-Sichten“:** Es handelt sich Besprechungen religiöser und literarischer Titel – Bücher, aber auch Filme und Videoclips.[3]
- **Textmaterial:** Zusammenstellung von Texten grundsätzlicher und didaktischer Art, die für die interreligiöse Arbeit eine wichtige Rolle spielen.
- **Tag und Nacht Gedanken:** Meditative Texte – „An-Deutungen“– und poetische Annäherungen an bestimmte Themen.[4]

Eine korrekte Trennung der einzelnen Themenbereiche ist nicht immer möglich. Es geht auch nicht nur darum, aktuelle Ereignisse zu beschreiben und zu kommentieren, sondern auch längerfristig Entdeckungen zu machen. Dazu gehören immer auch meditative Elemente, die als Einstimmung hier im 1. Kapitel unter „Meditative Texte“ auftauchen oder auch als „Lernorte“ im 2. Kapitel vorgestellt werden und zum Besuch einladen.
Bei jeder Blog-Datei im Internet sind die Lesenden eingeladen, auch die hinter dem jeweiligen Text stehenden Links anzuklicken, um sich noch mehr mit der Materie zu befassen. Hier im Buch wurden die Links auf ein Minimum reduziert, bieten jedoch die Möglichkeit, die originalen Seiten ggf. im Internet anzuschauen.
Insgesamt soll das Buch Lust machen, religiöse Vielfalt zu entdecken, um dann nach weiteren Berichten, Impressionen selbst zu suchen.

Reinhard Kirste, im Frühjahr 2014

---

1 http://religiositaet.blogspot.de/
2 http://intra-tagebuch.blogspot.de
3 http://buchvorstellungen.blogspot.de/
4 http://an-deutungen.blogspot.de/

1. Meditative Texte[5]

- **Leuchtspuren des Geistes**

FEUERSÄULE DES GEISTES
WEIST AUCH DEINER NACHT
DEN WEG
SCHLÄGT DURCH
UND LEUCHTET HEIM
FLAMMT DURCH
UND MACHT DAS DUNKEL HELL

Lichtzeichen der Gnade,
am Horizont erwacht schon die Liebe
Es ist die letzte Wache der Nacht.
Im Lichtzeichen des Geistes
wird der Nachthimmel Morgen.
Lichtsäule mit den Flügeln
der Morgenröte
löst die Zunge der Sprachlosen,
erhellt die verfinsterten Geister,
macht dem Nachtspuk ein Ende
und schreitet fort
im Morgenwind des Auferstandenen.

Begeisterung
erfüllt die Verdunkelten;
ihr Stimmengewirr ist nicht mehr Babel.
In den Ruinen des Turms
flammen Lichtzeichen auf,
gebündelter Strahl heiligen Geistes
bricht die verkrustete Sprache,
er-löst die Schatten der Nacht
in ein leuchtendes Morgen.

Geist ist Trost
dem verstummten Leben,
das auffliegt in den Feuerschein
eines Morgens voll Gott –
jetzt begeistert das Feuer die Zungen;
da stehen die Zeichen auf Heute.

---

[5] Blog: Tag und Nacht Gedanken: http://an-deutungen.blogspot.de/

Die Flügel der Morgenröte
werden erfüllte Verheißung
und Leitfeuer
versöhnter Welt.

- **Heilsames Zeitgeschenk**

Zeit vergeht nicht – Zeit entsteht
Weil die Zeit gekommen ist,
weil Zeit erfüllt wurde,
weil durch die Ewigkeit in der Zeit
Zeit neu wurde,
können wir Zeit geben,
Wirklichkeit neu sehen,
im Licht der göttlichen Zeitsetzung
die Ewigkeit spüren,
das Vorhandene vom Nicht-Vorhandenen
unterscheiden:

Schmerz ist bedrückend,
Leid ist bedrückend,
Hunger ist bedrückend,
Durst ist bedrückend,
Krankheit ist tödlich oft.

Krieg ist verheerend,
Hass ist verheerend,
Ablehnung vernichtend.

Wo aber Gott selbst
in die Zeit leuchtet,
wird die Zeit umwälzend,
revolutionär.

Im Stall entsteht Zeit,
die heil macht,
Zeit aus der Quelle der Ewigkeit,
da wird aus der Hetze der Jahre
die Stille der betenden Anschauung.

Gott wird Zeit.
Für die Zeit
das ewige Heil.

Spirale des Ewigen,
eingefädelt in Zeit,
von Ewigkeit eingelassen
in das Quadrat irdischer Welt.
Von Oben und Unten,
von dort nach hier.
Die Augen zu den Bergen erheben
sie bezeugen:
Hilfe kommt zu –
Ewigkeit im Spiegel der Welt.

Zeit geben - Zeit nehmen – mit Anklängen an Psalm 121

- **Zeit-Ansage**

Wenn die Nacht
sich in den Morgenhimmel neigt,
wenn der Morgenstern
das Licht der Sonne tauscht,
wenn der Frost der Winternacht
zum milden Tau des neuen Lebens wird,
wenn es auch der letzten Bosheit
gar die Sprache noch verschlägt,
wenn vom Stroh der Krippe
ewge Freudenfeuer brennen,
dann, ja dann,
aber dann
und dann nicht nur,
sondern dann auf einmal ganz und gar:
Neue Zeit, neues Leben, neue Welt.

Ein bisschen Stroh zur rechten Zeit gezündet,
ein bisschen Wasser in den Fels geträufelt,
und das Leben schlägt durch alle Todeszonen.[6]

---

[6] Erstfassung in: Reinhard Kirste, An-Deutungen. Iserlohn: Mönnig 1981, S. 13.14

- **Sprache der Sufis**

Der Sufismus ist die mystische Richtung im Islam und hat viele spirituelle Lebensweisen und rituelle Übungen entwickelt. Sufisches Leben bezieht sich auf innere Lebenseinstellungen und äußere Verhaltensweisen, die in Authentizität und seelisch-körperlicher Übereinstimmung ausgeübt werden.
Die einzelnen Sufi-Orden haben unterschiedliche (Gebets-)Rituale und Lebensstile; sie alle eint jedoch die sich in Gott auflösende Liebe. Dies geschieht durch die intensive Läuterung der Seele und bedeutet zugleich ein bewusstes Leben unter kritischer Wahrnehmung gesellschaftlicher Bedingungen.

Aphorismen

Der Achtlose fragt am Morgen: „Was werde ich tun?“ Der Vernünftige schaut: „Was wird nun Gott mit mir tun?“

Ibn Ata Allah(geboren um 1250 in Ägypten, gest. 1309, Studium in Alexandrien)
Aus: Annemarie Schimmel (Ausgewählt, übersetzt und herausgegeben):
Weisheit des Islam. Stuttgart: Reclam 1994, S. 276

Der Seele Frohsinn hängt nicht ab
von Rosen und von Grün – dort, wo ein Herz sich aufgetan,
ist Garten voller Blühn!

Mir Chawaja Dard (gest. 1785 in Delhi),
Mystiker, der in Urdu und Persisch schrieb (aaO, S. 91)

Sie predigen in der Moschee
dem niedren Volke
von Paradies und Huris schön,
von Essen, Trinken
und schreiben laut aus Hoffnung drauf
und brüllen kräftig,
als sprächst zu einem Esel du
von Futtergerste!

Nasir-i Chusrau (gest. nach 1072),
Ismailit (schiitische Sonderrichtung) aus Nordafghanistan bzw. Iran,
ein reisender Dichter in Zentralasien. Er starb in der Verbannung (aaO, S. 200).

Anekdotisch und doch sehr ernsthaft:

Der Fuchs und die Kamele:
Man sah einen Fuchs voll Schrecken davonlaufen, Jemand fragte ihn, worüber er denn so beunruhigt sei. Der Fuchs antwortete. "Sie holen Kamele zur Zwangsarbeit!" "Du Narr!" sagte man zu ihm, "das Geschick der Kamele hat doch nichts mit Dir zu

tun, wo Du ihnen nicht einmal ähnlich siehst." "Schweig!" sagte der Fuchs, "wenn ein Intrigant behauptete, ich sei ein Kamel, wer würde dann schon meine Befreiung erwirken?"

Aus: Idries Shah, Der glücklichste Mensch.
Das große Buch der Sufi-Weisheit. Freiburg u.a., Herder 1986, S. 82

Wie aktuell eine solche Fabel werden kann, wird z.B. im Drama von **Max Frisch: Andorra** (1961) deutlich, das in dem fiktiven Staat Andorra spielt. Andri, die Titelfigur, wird schließlich als Jude enttarnt, obwohl dieser Mann gar kein Jude ist.

Nasreddin Hodscha, mehr als ein türkischer oder persischer Till Eulenspiegel

Irgend etwas fiel herunter
Als Nasruddins Frau einen gewaltigen dumpfen Schlag hörte, rannte sie hinauf in sein Zimmer. "Reg dich nicht auf!" sagte der Mulla, " es war nur mein Mantel, der auf den Boden fiel." "Was, und das machte so einen Krach?"
"Ja, ich hatte ihn gerade an."

Aus: Idries Shah, Die fabelhaften Heldentaten des vollendeten Narren
und Meisters Mulla Nasruddin. Freiburg u.a.: Herder 1984, S. 96

- **Dringendes Handeln der Religionen zum Frieden ...**

Alle religiösen Traditionen betonen immer wieder, dass jeder Mensch Frieden in sich selbst und in der Gesellschaft bewirken kann. Lokale Gruppen, aber auch internationale Organisationen mahnen angesichts dramatischer Konflikte, auf solche Worte des Friedens zu hören und praktische Verwirklichungsmöglichkeiten anzustreben. Dazu gehören u.a. **Religions for Peace** (RfP - früher WCRP), **United Religions Initiative** (URI), **Parlament der Weltreligionen** und die **Stiftung Weltethos.**
Die **9. RfP-Weltversammlung in Wien** (November 2013) hat deutlich gemacht, wie viel Religionen zur Befriedung von Konflikten leisten könn(t)en.

Der Generalsekretär von RfP, William F. Wendley, hat am 16.01.2014 zu intensivem **interreligiösem Gebet für Syrien** aufgerufen.[7]

Also – es kann jede/r etwas tun
und mit den eigenen Möglichkeiten und Ideen Frieden machen.

---

[7] Ergänzende Hinweise zu diesem Thema unter:
http://intra-tagebuch.blogspot.de/2014/01/dringendes-handeln-der-religionen-zum.html

Es ist nämlich grundlegend, dass die unterschiedlichen religiösen Traditionen sich hier von göttlicher Liebe und Verantwortung geleitet wissen.

- **Friedensworte der Religionen**

Krieg ist das größte Verbrechen des Menschen gegen seine Mitmenschen. (ZOROASTRISMUS)

Da werden sie ihre Schwerter zu Pflugscharen und ihre Spieße zu Sicheln machen. Denn es wird kein Volk gegen das andere ein Schwert aufheben, und sie werden hinfort nicht mehr den Krieg lernen. (JUDENTUM)

Wenn die Menschen auf Gott hören, wird Er sie aus der Dunkelheit des Krieges zum Licht des Friedens führen. (ISLAM)

Selig sind die Friedensstifter, denn sie werden Gottes Kinder genannt werden. (CHRISTENTUM)

Wahres Glück kommt zu denen, die in Frieden mit ihren Mitmenschen leben. (BUDDHISMUS)

Der gute Herrscher sinnt auf Frieden und nicht auf Krieg, er regiert durch Überzeugungskunst, nicht durch Stärke. (TAOISMUS)

Trachte mit allen deinen Nachbarn in Harmonie zu leben und in Frieden mit deinem Bruder. Frieden und Liebe sollten auf der ganzen Welt herrschen. Der Höchste Gott will den Frieden seiner Geschöpfe. (KONFUZIANISMUS)

Die Erde wird frei sein von Mühsal, und die Menschen werden im Frieden leben - unter dem Schutze Gottes. (SHINTOISMUS)

Die ganze Welt muss als ein einziges Land betrachtet werden, alle Völker als ein Volk und alle Menschen als Angehörige einer Rasse ... Wir müssen Gott gehorchen und danach streben, Ihm zu folgen, indem wir alle unser Vorurteile ablegen und der Erde Frieden bringen. (BAHA'I)

Willst du Glück und Sicherheit, so trachte nach Frieden. Der friedvolle Geist gründet sich auf Weisheit. Gott ist ein Gott des Friedens und Er wünscht den Frieden für alle Menschen. (HINDUISMUS)

Die Erleuchteten machen den Frieden zum Grundstein ihres Lebens. Alle Menschen sollen mit ihren Mitmenschen in Frieden leben. So ist Gottes Wille. (JAINISMUS)[8]

Im Internet können weitere Materialien zum Thema der Friedensarbeit, des Weltethos, der Goldenen Regel[9] und aktualisiert zur Situation in Syrien abgerufen werden.[10]

- **Hildegard von Bingen und Johannes von Ávila**

Zwei herausragende Prediger, Mystiker und Theologen – zugleich als Heilige verehrt – wurden am 7. Oktober 2012 durch Papst Benedikt XVI. zu Kirchenlehrern (doctores ecclesiae) erhoben:

Hildegard von Bingen (1098-1178) und **Johannes von Ávila** (1499-1569)[11]
– Aus der Predigt Benedikts XVI. vom 07.10.2012:[12]

„Der heilige Johannes von Avila lebte im 16. Jahrhundert. Er verfügte über eine gründliche Kenntnis der Heiligen Schrift und war von einem brennenden missionarischen Geist erfüllt. In einzigartiger Tiefe vermochte er die Geheimnisse der von Christus für die Menschheit erwirkten Erlösung zu durchdringen. Als ein wahrer Gottesmann verband er das ständige Gebet mit der apostolischen Tätigkeit. Er widmete sich der Predigt sowie der Förderung der sakramentalen Praxis und konzentrierte seine Bemühungen auf die Verbesserung der Ausbildung der Priesteramtskandidaten, der Ordensleute und der Laien, im Hinblick auf eine fruchtbare Reform der Kirche.
Die heilige Hildegard von Bingen, eine bedeutende weibliche Gestalt des 12. Jahrhunderts, hat ihren wertvollen Beitrag zur Entwicklung der Kirche ihrer Zeit geleistet, indem sie ihre von Gott erhaltenen Gaben zur Geltung brachte, wobei sie

---

8 Die Zitate stammen aus dem Buch: O.P. Ghai (Hg.): Einheit in der Vielfalt. Vorwort: Franz Alt. Hofheim/Ts.: Ed. Carmel Baha'i-Verlag 2000, 3. Aufl.

9 Literatur und Links: http://textmaterial.blogspot.de/2012/04/literaturhinweise-zum-seminar-theorie.html/

10 Dialog-Journal (Artikel – immer wieder aktualisiert): http://intra-tagebuch.blogspot.de/2012/10/syrien-ein-staat-zerfallt.html

11 Dialog-Journal vom 08.10.2012. Details und weitere Verweise: http://intra-tagebuch.blogspot.de/2012/10/hildegard-von-bingen-und-teresa-von.html

12 Pressedienst: http://www.kath.net/news/38382

sich als eine Frau von lebhafter Intelligenz, tiefer Sensibilität und anerkannter geistlicher Autorität erwies. Der Herr schenkte ihr einen prophetischen Geist und eine leidenschaftliche Fähigkeit, die Zeichen der Zeit zu unterscheiden. Hildegard besaß eine ausgeprägte Liebe zur Schöpfung und beschäftigte sich mit Medizin, Dichtung und Musik. Vor allem bewahrte sie immer eine große und treue Liebe zu Christus und seiner Kirche."

Dieses Ereignis ist auch für Nicht-Katholiken ein bedeutendes Zeichen, weil zwei wichtige Persönlichkeiten der Kirchengeschichte gewürdigt werden. Beide haben wesentlich zur Veränderung von Kirchenstrukturen beigetragen und wirken als Orientierungspunkte einer Kirche, die die Frohe Botschaft auch gegen Missstände zu verkündigen hat und damit politisch für eine gerechte Gesellschaft aktiv werden muss. Sie verbinden in ihren Vorstellungen und Visionen eine unmittelbare Gottesbeziehung mit gesellschaftspolitischem Engagement. Dies brachte ihnen mehrfach Ärger mit der kirchlichen Hierarchie.

Hildegard von Bingen hat darüber hinaus bis heute einen großen Einfluss auf die Gesundheits- und Heilkräuterlehre. Mit ihrem Buch „Scivias – Wisse die Wege" ist sie berühmt geworden.

Johannes von Ávila stand übrigens in regem Kontakt zur Visionärin und Reformerin des Karmeliterordens **Teresa von Ávila.**[13]

[13] http://www.heiligenlexikon.de/BiographienT/Teresa_von_Avila.htm

2. Lernorte – kulturell – religiös – interreligiös

- **Begegnung mit 5 Weltreligionen im Lippepark Hamm**

Stahlportal der Religionen und Lesepulte mit jeweiligen Texten (von der Rückseite gesehen)

Auf der ehemaligen Schachtanlage "Franz" – lange Zeit Industriebrache – ist 2012 ein Park entstanden. Neben Spiel- und Sportanlagen fallen Stahl-Portale auf, die fünf Weltreligionen symbolisieren. Sie sind Zeichen für die Offenheit der Religionen. Diese kommt weiterhin zum Ausdruck durch die Texte, die im Kreis auf "Lernpulten" zu lesen sind: fest-gestellter interreligiöser Dialog, wie er auch in Hamm an manchen weiteren Stellen gepflegt wird.
Auf den Stehpulten "liegen" Kernsätze der Religionen, die zum Miteinander ermutigen:

Judentum

Du sollst Deinen Nächsten lieben wie dich selbst. (3. Mose 19,18)

Christentum

Die Gnade Jesu Christi, des Herrn, die Liebe Gottes und die Gemeinschaft des Heiligen Geistes sei mit euch allen. (2. Korinther 13,13)

Islam

Siehe, Gott, gebietet, Gerechtigkeit zu üben, Gutes zu tun und den Nahestehenden zu helfen. Und er verbietet das Schändliche und Unrechte und Gewalttätige. Er ermahnt euch, dies zu Herzen zu nehmen. (Koran, Sure 16 an-Nahl)

Interreligiöse Zeit-Gedanken

Hinduismus

Wer nicht berührt die Außenwelt, wer klug sich hält von ihr zurück, wer in das Brahma (= die schöpferische Kraft) sich versenkt, der findet in sich selbst das Glück. (Bhagavadgita 5,21)

Buddhismus

Wie eine Mutter ihren eigenen Sohn, ihr einzig Kind mit ihrem Leben schützt, so möge man zu allen Lebewesen ohne Schranken seinen Geist entfalten – voll Güte: nach oben hin, nach unten, quer inmitten, von Herzens-Enge, Hass und Feindschaft frei! (Metta-Sutta = Sutra von der Güte)

Zwischen Wohnen, Arbeiten und Erholen werden die Vorbeigehenden immer wieder daran erinnert, dass das gemeinsame Wirken der Weltreligionen Kräfte der Verständigung freisetzt. Aus spirituellen Annäherungen kann sich *Verständnis aller Menschen füreinander* entwickeln.

Die Stadt Hamm hat diese religiösen Toleranzportale auf ihrer Homepage besonders hervorgehoben.
Übrigens gibt es einen weiteren beeindruckenden interreligiösen Lernort am anderen Ende von Hamm, den großen **Hindu-Tempel in Uentrop** (s.u.)

- **Halberstadt – John Cage und die lange Endlichkeit der Zeit**

Halberstadt, am Rande des Harzes, hat ein besonderes Zeiterlebnis, das noch mehrere hundert Jahre zu hören und zu sehen sein wird:
Das **John Cage-Orgelprojekt** (ORGAN2 / ASLSP). Das Multitalent John Cage (1912–1992) hat im Rahmen eines Klavierwettbewerbs 1985 seine Musik "**A**s **SL**ow a**S** **P**ossible" – so langsam wie möglich – für die Orgel weiter entwickelt und dem deutschen Organisten **Gerd Zacher** gewidmet.
Dieses Stück war im selben Jahr in Metz zu hören. Gerd Zacher spielte es in 29 Minuten. 1998, im Rahmen einer Musik-Wissenschaftlertagung, begeisterte ASLSP die Musiker derart, dass dieses "Orgelwerk" im ehemaligen **Burchardi-Kloster** im Jahre 2000 etabliert wurde. Der Grund dafür liegt in der berühmten mittelterlichen **Dom-Orgel von 1361,** einst die größte Orgel der Welt. Die Spanne bis zur 2. Jahrtausendwende beträgt 639 Jahre. Darum ist die Zeitdauer des Musikstücks ab dem Jahr 2000 ebenfalls auf 639 Jahre festgelegt worden.[14]

---

[14] Alle Details und Fotos hier: http://intra-tagebuch.blogspot.de/2013/12/lernort-halberstadt-john-cage-und-die.html

Im Oktober 2013 fand der 13. Klangwechsel statt, und aus dem "Zwei-Klang" wurde ein "Fünf-Klang". Der nächste Klangwechsel wird am 5. September 2020 sein.

Mein sind die Jahre nicht,
die mir die Zeit genommen,
mein sind die Jahre nicht,
die etwa mögen kommen,
der Augenblick ist mein,
und nehm ich den ich acht,
so hab ich den,
der Zeit und Ewigkeit gemacht.

Andreas Gryphius (1616–1664), Barockdichter

- **Zwei Lernorte in den Alpen: Die Friedensglocken von Rovereto und Telfs**[15]

Die Friedensglocke „Maria Dolens – die leidende Maria“

Die Friedensglocke von Rovereto im Trentino

Oberhalb der norditalienischen Stadt **Rovereto** steht diese Glocke auf der **Campana dei Caduti** (Glocke der Gefallenen). Sie gilt als die größte Glocke der Welt und erinnert an die Gefallenen des 1. Weltkriegs. Man goss sie 1924 aus eingeschmolzenen Kanonen, um mit ihrem abendlichen Geläut an den Frieden zu mahnen. Wegen technischer Probleme wurde die Glocke inzwischen noch zweimal neu gegossen. Sie ist zu einem weit sichtbaren und abends hörbaren Friedenszeichen geworden.

---

[15] Weitere Infos: http://intra-tagebuch.blogspot.de/2013/06/zwei-lernorte-in-den-alpen-die.html

Eine Ausstellung im dazu gehörenden Museum erzählt fotografisch die Geschichte der Glocke, verbunden mit kleinen Ausstellungen, die den Wunsch nach Frieden künstlerisch vertiefen.
Seit 1972 gibt es ein weiteres Friedensgeläut, das auf die Initiative der grenzüberschreitenden Arbeit der Alpenländer entstand:

Die Friedensglocke in Telfs-Mösern, in der Nähe von Innsbruck.
Die Alpenregionen in Österreich, Italien, Deutschland und der Schweiz haben hier ein Zeichen der guten Nachbarschaft und der Zusammenarbeit gesetzt.
Wenn das Geläut der Glocke täglich um 17.00 Uhr über das Inntal hallt, wird zugleich deutlich, dass Menschen verschiedener Sprachen und Kulturen um des Friedens willen zusammengehören. Der um die Glocke herum eingerichtete Wanderweg mit sieben Stationen ist immer wieder ein Anlass, auch interreligiös miteinander auf dem Wege zu sein. Es lohnt sich – nicht nur im Urlaub – an diesen zwei Orten in den Alpen inne zu halten ...

- **Lernort Solingen: Gegen das Vergessen**
  – Erinnerung an den Brandanschlag von 1993

Dass Rassismus, Fremdenhass und Islamfeindlichkeit Menschen sogar zum Mord anstacheln, musste die Stadt Solingen 1993 erfahren, als Brandstifter das Haus der Familie Genç anzündeten und dabei fünf Menschen in den Flammen umkamen.

Solinger Bürger haben zum Zeichen gegen diese Menschenverachtung vor dem *Mildred-Scheel-Berufskolleg* eine Skulptur errichtet, die das Zerbrechen des Hakenkreuzes zeigt. Mit ihren persönlichen Namen auf den Metallringen solidarisierten sich viele für ein friedliches Zusammenleben. Die Namen der fünf Getöteten sind in Kupfer hervorgehoben.
Am inzwischen abgerissenen Haus der Familie Genç breitet sich eine seltsame Stille aus. Nur ein kleiner Gedenkstein und einige persönlich gehaltene Souvenirs am Zaun sowie die Bäume in Garten erinnern noch an das Verbrechen. **Auf der *Route der Migration* ist dieser Erinnerungsort gegen das Vergessen ausführlich beschrieben**.

Das Mildred-Scheel-Berufskolleg, auf das Hatice Genç ging, erhielt den Titel **"Schule ohne Rassismus."**

Hoyerswerda 1991, **Rostock-Lichtenhagen** 1992, **Mölln** 1992 und **Solingen** 1993 – um nur einige zu nennen – sind "Brandzeichen" einer Gesellschaft, die noch sehr viel lernen muss, damit Menschen aus allen Völkern und Religionen in Deutschland friedlich miteinander leben können.

Am 11. Dezember 2011 berichtete z.B. die Süddeutsche Zeitung über Neo-Nazi-Netzwerke, und zwar mit einem Zitat, das am Ende von Bertold Brechts "Der aufhaltsame Aufstieg des Arturo Ui" (1941 entstanden) steht:

Der Schoß ist fruchtbar noch ...[16]

- **Günsbach: Albert Schweitzer begegnen**[17]

Als wäre **Albert-Schweitzer (1875-1965)** gerade zu seinem geliebten Kanzrain hinaufgegangen ..., so wirkt es auf die in das Albert-Schweitzer-Museum in Günsbach Eintretenden. Den Mantel hat er wohl heute nicht mitgenommen ...

Das Wohnhaus Schweitzers im kleinen **elsässischen Günsbach** bei Colmar vermittelt nicht den Eindruck eines Museums, sondern lässt unmittelbar die große Gestalt des Theologen, Mediziners, Organisten, Urwaldarztes und Friedensnobelpreisträgers wieder lebendig werden. Immerhin sind hier alle seine Briefe archiviert, die private Bibliothek erhalten und seine Utensilien (fast) noch in Gebrauch – ein idealer Ort zum Schauen und Forschen.

In Verbindung mit dem kleinen Afrika-Museum im ehemaligen Schulhaus, in das der Schüler Schweitzer oft genug gegangen war, lohnt dieser Ausflug in das elsässische Dorf, das die globale Verantwortung in vielen religiösen und kulturellen Abschattungen widerspiegelt.[18]

- **Valmy: Was hat eine Mühle mit Europa zu tun?** [19]

Der eine oder die andere wird sich noch an den Geschichtsunterricht erinnern: Da war doch etwas mit der "Kanonade von Valmy"? War nicht auch Goethe dort? Wer heute in die Region zwischen Maas und Marne fährt, wird unwiederbringlich an furchtbare Kriege erinnert – Kreuze für sinnlos aus Machtinteressen Gestorbene.

Die so genannte **Kanonade von Valmy am 20. September 1792,** also vor über 220 Jahren, hat aber für Europa noch eine besondere Bedeutung:

---

[16] Alle Links mit weiteren Berichten und Fotos: http://intra-tagebuch.blogspot.de/2013/12/lernort-solingen-gegen-das-vergessen.html

[17] Weiteres: http://textmaterial.blogspot.de/2012/05/lernort-gunsbach-albert-schweitzer.html

[18] Offizielle Homepage der Internationalen Albert-Schweitzer-Vereinigung (AISL): http://www.schweitzer.org/2012/de/

[19] Weiteres: http://intra-tagebuch.blogspot.de/2012/03/was-hat-eine-muhle-mit-europa-zu-tun.html

Es war der Kampf der Republik gegen feudalistische Herrscher. Die preußisch-österreichische Koalition, die den französischen König Ludwig XVI. retten wollte, verlor gegen das schlecht ausgerüstete französische Revolutionsheer. Obwohl **Johann Wolfgang von Goethe** von diesem Kriegszug nicht begeistert war, stand er faktisch auf der falschen Seite. Er begleitete nämlich seinen Weimarer Herzog zur Schlacht.
Noch am Abend soll er zu einigen Offizieren gesagt haben: *„Von hier und heute geht eine neue Epoche der Weltgeschichte aus, und ihr könnt sagen, ihr seid dabei gewesen."*
Der erst in den Adelsstand erhobene bürgerliche Dichter hatte bereits die **Vision eines freiheitlichen Europas.**

So ist eine schlichte Windmühle zum Drehkreuz der Geschichte gegen den Feudalismus und für die Republik mit den Werten von
Gleichheit, Freiheit, Brüderlichkeit / Schwesterlichkeit geworden.

Nicht weit entfernt, ging es übrigens schon einmal um Europa, nämlich bei der **Schlacht auf den Katalaunischen Feldern** im Jahre 451, als ein römisch-westgotisches Heer die Hunnen zurückschlug. Die Stadt **Chalons en Champagne** erinnert mit ihrem Namen noch an diese Zeit.

- **Notre Dame de Paris – Über 850 Jahre Weltgeschichte**

Die Feiern waren umfassend! Der größte Besuchermagnet von Paris, die Kathedrale "Unserer Lieben Frau", feierte 2012 ein Jahr lang ihren 850. Geburtstag.
13–14 Millionen Menschen besichtigen sie jährlich! Nicht nur die beeindruckende Architektur dieser Romanik und Gotik verbindenden Kirche regt zu einem auch **virtuellen Panorama-Rundgang** an.
Es lohnt sich ebenfalls, die Geschichte zu studieren, die sich in und um die Kathedrale herum abspielte.

Es waren zum Teil heftigste Auseinandersetzungen von Theologie und Philosophie in der mittelalterlichen Scholastik, also der damaligen Schultheologie. Sie verbindet sich mit so berühmten Namen wie Petrus Abaelardus (1079-1142), Albertus Magnus (1200–1280), Bonaventura (1221–1274), Thomas von Aquin (1225–1274) und Meister Eckhart (1260-1328).
Ein gefährlicher Streit tobte um die intellektualistischen Aristoteles-Kommentare des islamischen Philosophen **Averroës** (geb. 1122 in Córdoba, gest. 1198 in Marrakesch).

Diese **panentheistisch** geprägte Schulrichtung, der sog. **Averroismus** war der Kirche ein Dorn im Auge. Die wichtigste averroistische Hochburg war außerdem lange Zeit die **Universität Paris**, zu der übrigens u.a. auch das **Universitätskolleg der Zisterzienser** gehörte (s.u.).

Während der Renaissance verlor die Universität an Bedeutung. Erst die gewaltigen Veränderungen durch die Französische Revolution und durch die Napoleonische Ära brachten auch die Kathedrale Notre Dame wieder in den Focus der Welt.
Nicht vergessen sei natürlich die berühmte Geschichte:
Der Glöckner von Notre Dame von **Victor Hugo!**

All diese Ereignisse durch die Jahrhunderte hindurch machen diese Kirche zum lebendigen internationalen und durchaus auch interreligiösen Lernfeld.
Die Süddeutsche Zeitung hatte zum Jubiläum einen mit attraktiven Bildern illustrierten ausführlichen Beitrag veröffentlicht: SZ online, 12.12.2012.[20]

- **Zisterzienser-Kolleg Collège des Bernardins, Paris**[21]

Die durch **Bernhard von Clairvaux** (1090-1153) eingeleitete intensive Klosterreform machte den **Orden der Zisterzienser** zu einer verändernden Triebkraft der mittelalterlichen Kirche im gesamten Europa. So verwundert es auch nicht, dass der Orden 1248 eine eigene Universität in der damaligen Bildungsmetropole Europas gründete, in Paris: das **Collège des Bernardins.** Dieses Kolleg beeinflusste mehr als 400 Jahre die intellektuelle Entwicklung nicht nur der Stadt und der Universität von Paris.
1338 entstand eine neue Kirche mit Sakristei und Kollegiatsgebäude, die im Geist Bernhards Einfachheit (simplicitas) und Anbetung Gottes (adoratio) zum Ausdruck brachten. Die Wirren und Veränderungen der Zeit ließen nur Weniges von dieser imposanten und doch ganz schlicht gehaltenen Architektur stehen. Die aufwändige Restaurierung hat nun im Universitätsviertel von Paris ein Juwel entstehen lassen, das zu Bildung und Besinnung gleichermaßen einlädt.
Seit September 2008 ist das "Collège des Bernardins" zum ersten Mal in seiner Geschichte öffentlich zugänglich. Konferenzen, philosophische und theologische Weiterbildungskurse, Konzerte, Filme und Kunstausstellungen lassen den alten zisterziensischen Geist in spirituell-heiterem Gewand wieder auferstehen.

---

[20] Weitere Infos und Links auf der Originalseite:
http://intra-tagebuch.blogspot.de/2012/12/lernort-notre-dame-de-paris-850-jahre.html

[21] Details: http://intra-tagebuch.blogspot.de/2012/11/lernort-college-des-bernardins-paris.html

Wissenserwerb im Sinne von Annäherung an Weisheit geschieht hier fast wie von selbst.
Thematisch beeindruckend zeigte sich die **Ausstellung** von **Bruno Perramant** in der Sakristei des Kollegs: **Les aveugles (die Blinden)** vom 09.11.-20.01.2012. Blindheit spielt auch in Dantes Göttlicher Komödie eine Rolle, auf die Perramant auf einigen seiner Bilder Bezug nimmt.

- **Der große Hindu-Tempel in Hamm Uentrop**

Die am Rande des Ruhrgebiets liegende Stadt Hamm beherbergt ein beeindruckendes Denkmal indischer Religiosität. Es ist der im Sommer 2002 fertig gestellte **Sri Kamadchi Ampal-Tempel,** der **"Göttin mit den Augen der Liebe"** geweiht. Es ist der größte Hindu-Tempel Kontinental-Europas und zieht Pilger aus vielen Ländern an. Den festlichen Höhepunkt bilden im Rahmen des Tempelhauptfestes Anfang Juni mehrere Feiern und Prozessionen, besonders die große Prozession am 3. Juni durch Hamm. Es werden wieder etwa 25.000 Besucher/innen erwartet.
Besucher/innen erleben beim Rundgang durch den Tempel authentische südindisch, tamilisch geprägte Spiritualität. Sie erfahren darüber hinaus, wie Einwanderer hinduistischen Glaubens Teil einer deutschen Stadt geworden sind. Hamm hat nun neben vielen Begegnungen mit den muslimischen Mitbürgern bereits seit dem Jahre 1999 eine zusätzliche Bereicherung bekommen, davon abgesehen, dass der Hindu-Tempel in Hamm-Uentrop inzwischen zu einem touristischen Anziehungspunkt geworden ist.[22]

- **Die Kartause Ittingen (Schweiz)**[23]

In der Nähe des Bodensees, im Kanton Thurgau, hat sich das Gesamtbild einer Kartause, also eines **Kartäuserklosters,** erhalten, das einen unverstellten Einblick in die eremitische Lebensweise dieser Mönche gibt.
Ihr Ordensgründer, der Hl. **Bruno von Köln** (11. Jh.), führte besonders strenge Rituale ein. Die Mönche leben im ständigen Schweigen – bis auf wenige Ausnahmen. Beim wöchentlichen gemeinsamen Gottesdienst sind sie von der Gemeinde getrennt! Das Essen wird ihnen durch eine Klappe zugeschoben. Vor ihrer Klause hat jeder ein kleines Gärtchen.

---

[22] Ausführliche Information: http://intra-tagebuch.blogspot.de/2012/05/lernort-hamm-uentrop-der-hindu-tempel.html
[23] Weitere Infos: http://intra-tagebuch.blogspot.de/2013/08/lernort-kloster-kartause-ittingen.html

Berühmt geworden ist dieser noch heute in den Kartäuserklöstern geübte Lebensrhythmus durch den **Film "Die große Stille"** (2005), der in der **Grande Chartreuse**, dem Mutterkloster der Kartäuser bei Grenoble, gedreht wurde.
In der **Kartause Ittingen**, wo es seit 1848 keine Mönche mehr gibt, wirkt jedoch alles so, als seien sie nur zufällig nicht zu sehen. Darüber hinaus ist es in dieser großen Kartause gelungen, den meditativen Geist des Klosters zu aktualisieren.
Hier hat auch das **Kunstmuseum Thurgau** eine passende Heimstatt gefunden und lädt zur Betrachtung auch moderner Exponate ein. Das gilt ebenso für das **Ittinger Museum**, das mehr die historischen regionalen Zusammenhänge betont.
Damit jedoch nicht genug: In einem **Werkhof** wird diakonisches Handeln für Menschen mit psychischen und geistigen Behinderungen praktische Realität.
Die Spiritualität des Klosters lässt sich bei der Begehung im großen Labyrinth, im Spaziergang durch den Rosengarten und in regelmäßigen Meditationen im **Raum der Stille** erfahren. Die evangelische Kirche macht mit dem Zentrum **"tecum"** in der Kartause Angebote zur Spiritualität und Weiterbildung. Künstler nutzen diese Inspirationen immer wieder; und so ist mit Menschen vom Werkhof und Studierenden aus Paris durch den Künstler **Tadashi Kawamata** ein **Scheiterturm** aus Holzscheiten entstanden, der den Blick von der Erde, vom Material des Holzes, zum Himmel lenkt.
Es lohnt sich, in der Kartause nachsinnend zu verweilen.

- **Die Himmelsscheibe von Nebra – Zeitreise der besonderen Art**[24]

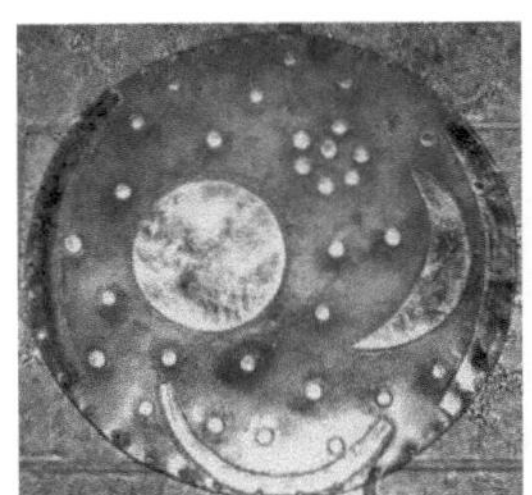

Die Himmelsscheibe von Nebra (Replik)

Auf dem **Mittelberg im Unstruttal** fanden Raubgräber den ältesten Zeitmesser überhaupt. Er ist ca. 3600 Jahre alt: Eine Darstellung des Himmels mit Vollmond, Halbmond, Sternen und "Begrenzungsstreifen", alles in Bronze und Gold.

[24] Weitere Informationen: http://religiositaet.blogspot.de/search?q=Nebra

Wie ein Kriminalroman liest sich der Weg bis in das **Landesmuseum für Vorgeschichte in Halle/Saale.**

Nahe der Fundstelle hat man inzwischen ein **Modernes Museum, die Arche Nebra** errichtet, das den BesucherInnen ermöglicht, die Bedeutung des Himmels für die Erde zu erkunden und eine Zeitreise sowohl von der damaligen Himmelsbeobachtung bis heute zu machen. So lässt sich die Geschichte der Scheibe leicht fasslich nachverfolgen. Ihre nicht zu unterschätzende historische Bedeutung bildet einen absoluten Höhepunkt bronzezeitlicher Archäologie.
Auch Kinder und Jugendliche werden bei diesem Rundgang ihre Freude haben und mit mehr Wissen nach Hause gehen.

Die Himmelsscheibe von Nebra zusammen mit dem nahe gelegenen etwa 7000 Jahre alten **Sonnenobservatorium in Goseck** bieten einen intensiven Einblick in die Bedeutung der Astronomie, der Kenntnisse von Sonne, Mond und Sternen für das Leben der Menschen, für die Kulturentwicklung mit Ackerbau und Viehzucht. So entsteht ein Panorama menschlicher Gesellschaftsstrukturen unter oft widrigen Bedingungen. Der Himmel mit seinen Zeichen gehört darum in das Zentrum religiöser Verehrung der alten Kulturvölker, und gleichzeitig erweitert sich das Wissen über die Erde und das Universum insgesamt.

Inzwischen gibt es eine neue **Tourismusroute in Sachsen-Anhalt – "Himmelswege" –**, die es erlaubt, den archäologischen Fundstellen und ihren heutigen Präsentationen nachzugehen.

3. Brückenbauer des interreligiösen Dialogs[25]

Hier folgt ein kleiner Einblick in einzelne herausragende Persönlichkeiten, die die Welt menschlicher gemacht und zur Annäherung der Religionen beigetragen haben.

- **Mahatma Gandhi – die Macht der Gewaltlosigkeit**[26]

Über Gandhi nachdenken

Auf der Grenze
zwischen Aufstand und Frieden
traf der Mörder ihn mitten ins Herz.
„Gott, Gott" waren seine letzten Worte.

Auf der Grenze zwischen Alt- und Neu-Delhi
verbrannten sie seinen Leichnam.
Auf der Grenze
von alter und neuer Zeit steht er noch immer.
Er weist nach vorn,
doch viele blicken zurück.
Sein Frieden weist über den Tod hinaus.
So wird er zum Torhüter
künftigen Friedens,
wenn sich unsere Gesichter
an seiner Grabplatte
ehrfürchtig senken.
Gehen wir –
damit wir den großen Torhüter,
den Mitstifter göttlichen Friedens
wieder finden.

Mahatma Gandhi – Literatur zur Orientierung

1. Wolfgang Sternstein: Gandhi und Jesus. Das Ende des Fundamentalismus. Gütersloher Verlagshaus 2009

---

[25] Gesamte Blogseite „Brückenbauer des interreligiösen Dialogs":
http://textmaterial.blogspot.de/2012/11/bruckenbauer-des-interreligiosen-dialogs.html

[26] Weitere Infos:http://buchvorstellungen.blogspot.de/2014/01/mahatma-gandhi-literatur-zur.html

Mahatma Gandhi ist zum Vorbild vieler Menschen und zum Symbol gewaltfreien Widerstands geworden. Was aber haben Gandhi und Jesus gemeinsam? Von Gandhi wissen wir, dass er den Jesus der Bergpredigt aufs Tiefste verehrte. Vermutlich ist genau dies die innere Verbindung: Grenzüberschreitungen um der Menschlichkeit willen, die göttlich gewollt ist. So wurde der eine unbeabsichtigt zum Religionsstifter, setzte sich mit den Armen und Ausgestoßenen an einen Tisch und heilte die Verwundeten, der andere befreite in der absoluten Konsequenz des gewaltlosen Kampfes den indischen Subkontinent von der britischen Kolonialherrschaft. Über die Distanz von Zeit und Raum hinweg sind sie beide geeint im vorurteilsfreien Dienst.

2. Margaret Chatterjee: Gewaltfrei widerstehen. Gandhis religiöses Denken – Seine Bedeutung für unsere Zeit. Aus dem Englischen übersetzt von Regina und Michael von Brück. Gütersloh: Kaiser / Gütersloher Verlagshaus 1994, 189 S., Zeittafel, Glossar und Personenverzeichnis

In Gandhis Leben bildeten Religion und Politik eine Einheit, aber so, dass religiöse Begründungen zur Motivation für Gandhis Unabhängigkeitskampf von der britischen Kolonialherrschaft wurden. In diesem Rahmen zeigt die indische Philosophin und Religionswissenschaftlerin Chatterjee auch Gandhis Annäherung an die anderen Religionen auf. Die religiös-grenzüberschreitenden Äußerungen sind angesichts der politischen Auseinandersetzungen bemerkenswert im Sinne der Experimente mit der Wahrheit. Die Autorin zeigt darum auf, wie einer der westlichen Begriffe indischen Denkens, *Moksha* = Befreiung aus der Unwissenheit, in neue Bedeutungsmuster übersetzt wird.

Wer sich in dieser Weise auf den gesellschaftlichen Wandel bezieht, hat dabei von Anfang an auch die **Bildung des Menschen** so im Blick, dass neue Wege der Erziehung beschritten werden müssen. Das kommt im Buch durch die hier gesetzten Themenschwerpunkte sehr schön zu Ausdruck. Gandhi beschreibt das sehr schön bereits 1928:[27]

Religion als Wahrheit und Gewaltlosigkeit

„Für mich bedeutet Religion Wahrheit und Gewaltlosigkeit (Ahimsa) oder reine Wahrheit, weil Wahrheit Gewaltlosigkeit einschließt.

---

[27] Gandhi-Zitat aus: Towards New Education. By M.K. Gandhi. Edited by Bharatan Kumarappa. Copyright: The Navajivan Trust, 1953. Reprint (Nachdruck) Juni 1980. Übersetzung: Jürgen Klute. Übersetzung sowie Veröffentlichung mit Genehmigung des Navajivan Publishing House, Ahmedabad 14, Indien. Das Original in *Young India* vom 06.12.1928.
Zitat zuerst auf Deutsch erschienen in: Gerhard Jentsch / Reinhard Kirste (Hg.): Spiritualität und Friedenspädagogik. Iserlohner Con-Texte Nr. 5 (ICT 5). Iserlohn 1988, S. 9–10)

Gewaltlosigkeit ist das notwendige und unerlässliche Mittel zu ihrer Enthüllung. Deshalb ist alles, was die Praxis dieser Tugend (Kraft) voranbringt, ein Weg zur Vermittlung religiöser Erziehung; und der beste Weg, dies zu tun, ist meiner Meinung nach, dass die Lehrer konsequent diese Tugend aus sich selbst heraus praktizieren. Ihre enge Verbindung zu den Schülern kann eine gute Einübung in diese grundlegende Tugend ermöglichen.

Soweit die Darlegung der allgemeinen Wesensmerkmale der Religion. Ein Curriculum religiösen Unterrichts sollte ein Studium der Glaubensgrundsätze eines anderen als des eigenen Glaubens beinhalten. Für dieses Vorhaben sollten die Lernenden darin eingeübt werden, eine Haltung des Verstehens und richtigen Wahrnehmens der Lehrsätze verschiedener großer Weltreligionen in einem Geist der Achtung und einer weitherzigen Toleranz kultivieren. Wenn es gründlich geschieht, würde dies helfen, ihnen eine geistige Sicherheit zu geben und eine bessere Wahrnehmung ihrer eigenen Religion zu ermöglichen.

Es gibt eine Regel, die stets und immer beim Studium aller großen Religionen beachtet werden sollte, und diese ist: Man sollte sie nur anhand der Schriften bekannter Anhänger der betreffenden Religion studieren. Wenn z.B. einer die Bhagavata (= Bhagavad Gita) studieren will, so sollte er es nicht anhand einer Übersetzung eines kritischen Gegners tun, sondern mittels eines Liebhabers der Bhagavata. Ebengleiches gilt für das Studium der Bibel; man sollte sie anhand eines Kommentars eines ergebenen Christen studieren. Das Studium anderer Religionen als der eigenen gibt einem ein Verständnis für die grundlegende Einheit aller Religionen und gewährt ebenso einen Eindruck von der universellen und absoluten Wahrheit, die jenseits aller Glaubensrichtungen liegt.

Lass niemanden auch nur für einen Moment in der Furcht, dass ein ernsthaftes Studium anderer Religionen darauf zielt, den Glauben eines anderen zu schwächen oder ihn zum Glaubenswechsel zu bewegen. Das philosophische System des Hinduismus achtet alle Religionen als solche, die Elemente der Wahrheit enthalten und schärft eine Haltung des Respekts und der Ehrfurcht vor allen Religionen ein. Dies setzt natürlich Achtung vor der eigenen Religion voraus. Studium und Wahrnehmungen anderer Religionen dürfen nicht in einer Schwächung ihrer Achtung gründen; sie sollten zu einer Verstärkung der Achtung anderer Religionen führen.

In dieser Beziehung steht Religion auf der gleichen Ebene wie Kultur. Gerade so, wie die Bewahrung der eigenen Kultur nicht die Verachtung der Kultur anderer bedeutet, sondern nach einer Annäherung des Besten fragt, das in all den anderen Kulturen ist, so sollte es mit der Religion sein".

3. A. Ronald Sequeira (Hg.): Gandhi für Christen. Eine Herausforderung.

Einleitung und Textauswahl. Freiburg u.a.: Herder TB 1345, 1987 u.ö., 224 S.

Der erste Teil enthält einen biografischen Überblick (125 Seiten), in dem der Autor seine in der Einleitung formulierten Vorgaben des "christus-ähnlichsten Menschen in der Geschichte" und die Kriterien seine Textauswahl begründet. Wichtig ist, dass bei den Texten des 2. Teils die Verbindung von Meditation und Handeln, Kontemplation und Kampf, Beten und Arbeiten klar hervortritt und sich gleichzeitig das Wirken Gandhis in seinem Kulturen überschreitenden Charakter zeigt. Am besten lässt sich das mit einem Zitat Gandhis ausdrücken, das auch für den Zusammenhang des Schullebens und der Wichtigkeit spiritueller Kräfte in ihr besondere Hervorhebung verdient:
"Es gibt eine Sache, die mich in meinen frühen Bibelstudien überwältigte. Ich wurde unmittelbar ergriffen, als ich diese Stelle las, 'Suchet erst das Reich Gottes und seine Gerechtigkeit, und alles andere wird euch hinzugegeben werden'. Ich sage Ihnen, dass, wenn Sie dies verstehen und würdigen und nach dem Geist dieses Satzes handeln würden, bräuchten Sie gar nicht zu wissen, welchen Platz Jesus oder irgendein anderer Lehrer in Ihrem oder meinem Herzen einnimmt. Wenn Sie diese Arbeit eines moralischen Straßenreinigers tun werden, um Ihre Herzen zu reinigen, zu säubern und vorzubereiten, werden Sie entdecken, dass alle diese großen Lehrer ihre Plätze ohne jegliche Einladung von uns einnehmen werden. Das ist meiner Ansicht nach die Grundlage jeglicher gesunden Erziehung. Die Kultur des Geistes muss sich der Kultur des Herzens unterwerfen ... Es ist wahr, dass jeder von uns dem Wort 'Gott' eine eigene Deutung aufsetzt. Wir müssen es notwendigerweise tun, denn Gott umfasst nicht nur diesen unseren kleinen Globus, sondern Millionen und Billionen von solchen Globen und Welten über Welten.
Wie können wir, kleine kriechende Kreaturen – wenn überhaupt möglich – seine Größe, seine unbegrenzte Liebe und sein unendliches Mit-Leiden messen? Seine unendliche Liebe und Barmherzigkeit sind so groß, dass er dem Menschen erlaubt, ihn anmaßend zu leugnen, über ihn zu streiten und selbst seinem Mitmenschen den Hals abzuschneiden" (aaO, S. 215f).

So bedeuten die herangezogenen Texte eine Ermutigung. Das betrifft das Gottesbild und Menschenbild im Blick auf die Gebote und die Gleichwertigkeit der Religionen. Hinzu kommen Gandhis starke Impulse zu den Prinzipien des politischen und wirtschaftlichen Handelns. Diese zeigen sich besonders durch den liebevollen, gewaltlosen Widerstand *(satyagraha)*, im Engagement für soziale Gerechtigkeit und für die Begegnung der Kulturen. Es sind Richtung weisende Impulse "für eine glaubwürdige Gestaltung der Beziehung von Religion und Politik in der Zukunft" (Einleitung aaO, S. 9).

Daneben sei an die Langzeitwirkung des berühmt gewordenen Filmes von **Richard Attenborough** erinnert: **Gandhi. Der Film (1982)**

- **Nelson Mandela und Farid Esack aus Südafrika**

Mit Nelson Mandela (geb. 18. Juli 1918 in Mvezo, Transkei, gestorben am 5. Dezember 2013 in Johannesburg) ist einer der bedeutendsten Kämpfer gegen Rassismus und Apartheid von uns gegangen. Durch seinen Tod wird auch die Geschichte des Antirassismus und der Anti-Apartheid-Bewegung in Südafrika wieder wach. Seine Gefängnisnummer während der langen Haftzeit: **46664**
In diesem Zusammenhang lohnt es, auf den einen oder anderen **Weggefährten des großen Friedenskämpfers** zu blicken. Dabei zeigt sich, dass dieser Kampf gegen die Apartheid von engagierten Menschen aller Religionen in Südafrika mitgetragen wurde. Schon im Gefängnis fielen auch die Schranken zwischen den Religionen: Christen, Juden, Hindus, Buddhisten und andere beteten unter den Bedingungen der Haft miteinander für ein gerechtes und freies Südafrika.

Zu ihnen gehört auch der islamische Theologe **Farid Esack** (geb. 1959 in Wynberg, Südafrika). 1994-1998 war er Gleichstellungsbeauftragter in der Regierung Mandela. Inzwischen arbeitet er Professor für Religionswissenschaft an der Universität Johannesburg. Er ist einer der progressivsten Denker und Koranausleger überhaupt. Mit ihm hat sich eine eigenständige befreiungstheologische Lesart des Korans entwickelt. Diese verbindet sich mit einer dialogischen Offenheit für Menschen aller religiösen Traditionen. Er hat dazu eine **befreiungstheologische islamische Hermeneutik** entwickelt. Das zeigen besonders zwei seiner Bücher:

- **„Qur'an, Liberation & Pluralism"** (1997)
- **„On Being a Muslim" (1999)**

Bereits 1994 hatte Esack im Rahmen einer Konferenz in Deutschland über seine Befreiungserfahrungen, auch im sich verändernden Südafrika berichtet und seine Überlegungen unter das Thema gestellt: **Wem sollen wir Zugang zu unseren Wasserstellen gestatten? Gesellschaftliche, religiöse und politische Dimensionen des Vorurteils.**

Die Texte Esacks sind durchweg von versöhnender Aktualität und Dialogbereitschaft geprägt. Gerade angesichts des Todes von Nelson Mandela lohnt es sich, an diese Aufbrüche in einem neuen bewusst multikulturellen und multireligiösen Südafrika zu erinnern. Hoffentlich steuert dieses Land auch nach Mandela in eine gute Zukunft.[28]

[28] Mehr zu Nelson Mandela und Farid Esack unter: http://intra-tagebuch.blogspot.de/2013/12/nelson-mandela-farid-esack-und-viele.html

„Ich wusste ganz genau, dass der Unterdrücker ebenso wie der Unterdrückte befreit werden muss. Ein Mensch, der die Freiheit eines anderen Menschen beraubt, ist ebenfalls ein Gefangener hinter den Barrieren seiner Vorurteile und Engstirnigkeit. Als ich die Türen des Gefängnisses durchschritt, war dies meine Mission: den Unterdrückten und den Unterdrücker zu befreien."

Nelson Mandela (aus der Autobiographie)

- **Ashgar Ali Engineer (1939 –2013): Brückenbauer angesichts gesellschaftlicher Konflikte**[29]

Am 14. Mai 2013 starb der bekannte indische Friedensaktivist **Asghar Ali Engineer** (geb. 10.03.1939). Der studierte Ingenieur stammte aus einer angesehenen Familie der **Dawoodi-Bohra,** einer reformfreundlichen schiitischen Gruppierung. Sein Wirken konzentrierte sich auf die gleichwertige Begegnung der Religionen und Weltanschauungen. Darum setzte er sich immer wieder für die Befriedung gesellschaftlicher Spannungen ein.
Sein Engagement war vorbildlich gegen ethnische und religiöse Gewalt in Indien und Südasien. Das betrifft besonders die Islam-Hindu-Konflikte, die in Indien unter dem Stichwort **Kommunalismus** debattiert werden.

Als Wissenschaftler gehörte er zugleich zu denjenigen, die – ähnlich wie Farid Esack – eine **islamische Befreiungstheologie** unter religionspluralistischen Vorzeichen entwickelten. Diese offene interreligiöse Haltung brachte ihm viel Ärger und auch Drohungen gegen sein Leben ein, erschütterte den Friedensaktivisten jedoch nicht in seinem Engagement.
Asghar Ali Engineer hielt weltweit Vorlesungen und war auch mit dem englischen religionspluralistischen Theologen **John Hick** befreundet. In der Neuausgabe 2013 des Buches über die **500 einflussreichsten Muslime weltweit** ist auch Asghar Ali Engineer erwähnt.
Er gründete das **Institute of Islamic Studies** (1980) und das **Centre for Study of Society and Secularism** (1993) in Mumbai (Bombay). Engineer griff zugleich journalistisch und schriftstellerisch in die zunehmenden politischen und religiösen Konflikte ein und mahnte zur friedlichen Auseinandersetzung für das Wohl der gesamten indischen Gesellschaft.

Mit diesem mutigen Menschen hat wiederum einer der großen interreligiösen Brückenbauer die irdische Wirklichkeit verlassen. Am 27. Mai gab es im St. Xavier College in Mumbai eine akademische Gedenkveranstaltung.

[29] Weitere Infos: http://intra-tagebuch.blogspot.de/2013/05/zum-tod-von-asghar-ali-engineer.html

Die Zeitungen Indiens, aber auch das österreichische Fernsehen, berichteten von der Bedeutung Ashgar Ali Engineers für die Begegnung der Religionen und für eine interkulturelle Friedenspädagogik.
Sein Sohn **Irfan Engineer** ist schon seit längerer Zeit in die Fußstapfen seines Vaters getreten und führt dessen interreligiöse und gesellschaftspolitische Arbeit fort.

Ein persönlicher Bericht von Pfarrer Dr. Jan Slomp, Niederlande (21.05.2013)

Dear Friends,
Thanks for the news about the death of Asghar Ali Engineer. I have a vivid memory of Asghar Ali Engineer. In 1991 (31/8-6/9) he was one of the speakers during the 18th journées romaines. The subject was "Who is Jesus for Christians living with Muslims". Asghar Ali Engineer spoke about Hadrat 'Isa Holy Qur'an and Muslim Thinkers and Writers. As he attended the whole conference we had long discussions with him. I was impressed by his openmindedness and courage. I felt at home with him because we has shared the same Indian/Pakistani culture. We lived in Pakistan from 1964-1977. Two years later we met again for a conference in Vienna organized by the ministry of foreign affairs of Austria with about 25 Muslim and 25 Christian participants from all over the world. The subject was Peace for Humanity. In the report which was edited by Andreas Bsteh, and published by Vikas Publishers in Delhi, one finds via the index that Mr A.A. Engineer made several long and impressive interventions. During discussions in a private group he told us about tensions in India and how he and his colleagues had worked for peace. Doing so was often a dangerous undertaking. The report was also published in German, Urdu and Arabic.
I feel sad hearing the news about his death. He was born in 1939 and everybody had hoped of course that he would continue to contribute to a more peaceful world for many more years. But he worked so hard, and was so devoted to what he did that I can imagine that he had spent most of his energy for the goals he was dedicated to. His books e.g. on Muslim Women remain thought provoking. It was a privilege to have known him. My thoughts and prayers join those of his beloved in India and elsewhere. Greetings to you who read these lines.

- **Bede Griffiths – Begegnung mit dem Osten**

Der aus einer anglikanischen Familie stammende Bede Griffiths (1906-1993) fühlte sich zum katholischen Glauben hingezogen und wurde Benediktiner-Mönch. In der Begegnung mit Indien erlebte er, wie sich ihm hier eine neue Quelle der Spiritualität auftat und sich weiterwirkend mit seinem bisherigen Glauben verband.

Das drückt sich auch in der Übernahme eines Klosters in Indien aus. Dieser Ort des Gebets und der Meditation wurde als *Sat-Chit-Ananda Ashram* bzw. *Shantivanam* bekannt.
Mehr und mehr wurde er Griffiths einem Brückenbauer zwischen Okzident und Orient, von Menschen verschiedenen Glaubensweisen geschätzt und als ein Weiser verehrt.
Diese große spirituell bereichernde und interreligiös erweiternde Bedeutung von Bede Griffiths hebt der indische Priester Prof. Dr. Anand Lourdu in DIM/MID, dem Dialog-Journal der katholischen Orden (Vol. IV:1 - January - June 2014) hervor:
The Relevance of Bede Griffith's Vision for Today – Die Bedeutung der Vision von Bede Griffiths für heute.
Auch im deutschsprachigen Bereich sind Bücher von und über Bede Griffiths erschienen. Sie bringen die unmittelbare persönliche Erfahrung mit diesem Mystiker zum Ausdruck.[30]

- **Satya Narayan Goenka (1924-2013):
meditative Einübung in die Wirklichkeit**[31]

Am 29. September 2013 verstarb der international hochgeschätzte Vipassana-Lehrer **Satya Naraya Goenka** (meist nur S.N. Goenka) im hohen Alter von 89 Jahren.
Er wurde am 30. Januar 1924 im burmesischen Mandalay (damals Britisch-Indien) geboren. Aus einer indischen Familie stammend, widmete er sich schon bald der **Vipassana-Meditation**, zumal er in Burma mit dem Begründer dieser Meditationsrichtung, **Sayagyi U Ba Khin**, in Kontakt kam. Seit seiner Übersiedlung nach Indien im Jahre 1969 unternahm er viele Vortragsreisen und Retreats weltweit, um mit Hilfe von Vipassana zu lehren und zu üben, "die Dinge zu sehen, wie sie sind". Auch er gehört zu den Brückenbauern über religiöse Grenzen hinweg.

Werner Heidenreich (Köln), selbst praktizierender Buddhist, schreibt in seinem Oktober-Rundbrief 2013:
"Freunde und Bekannte, die seine recht anstrengenden Retreats besuchten und durchhielten, kamen frisch und mental sehr viel ruhiger wieder zurück. Viele meinten, ein solches Retreat sei zu einer Zäsur in ihrem Leben geworden, und sie würden sich als eine neue, geläuterte und geistig stabilere Person empfinden.

---

[30] Literaturhinweise:
--- Bede Griffiths: Leben im christlichen Ashram. München: Kösel 1990, 69 Fotos
--- Roland R. Ropers: Eine Welt – Eine Menschheit – Eine Religion. Mit einem Vorwort des Gandhi-Freundes Jesuitenpater Michael A. Windey SJ. Wasserburg/Inn: Sheema Medien 2007.

[31] Details unter:
http://intra-tagebuch.blogspot.de/2013/10/sn-goenka-1924-2013-meditative-einubung.html

S. N. Goenka gehört für mich zu den großen Buddhisten, die die Lehre des Buddha überraschend praktisch und modern auslegen, dabei aber immer fest verbunden bleiben mit den ursprünglichen Anweisungen des Buddhas.

S.N. Goenka sah die buddhistische Praxis nicht als Ausübung einer Religion an, sondern verstand sie als eine geistige Übung, die universell über alle Kulturen und Religionen hinweg für alle Menschen anwendbar sei. Entsprechend gründete er weltweit Vipassana-Praxiszentren, ohne diese aber als buddhistische Tempel oder Religions-gemeinschaften zu bezeichnen. Mitglieder aller anderen Religionen konnten dort praktizieren und viele von ihnen nutzten die erlernte Vipassana-Meditation für ihre eigene religiöse Praxis.
Ich hoffe, dass es auch nach Goenkas Tod noch viele Lehrer und Weise geben wird, die in den Lehren des Buddha eine lebendige und auch heute noch gültige Sammlung von Weisheiten erkennen. Mögen noch mehr Meditationslehrer die klaren Anweisungen Buddhas für das Geistestraining frei von Dogmen und religiösem Dünkel lehren und an die Menschen weltweit weitergeben. Die Praxis und die daraus gewonnenen Erkenntnisse sind die Grundlagen für inneren Frieden, tiefem Mitgefühl und Wohlbefinden. S. N. Goenka wurde erst vor kurzem zum Friedensnobelpreis vorgeschlagen. Dies geschah, weil Meditation und der daraus gewonnene „Klarblick“ eine geistige Stabilität schaffen und Einsichten ermöglichen, die uns vor Fanatismus und blinder Ideologie schützen. Also genau das, was in diesen politisch ökonomisch aufreibenden Zeiten dringend notwendig ist."

- **Míkel de Epalza und die jüdisch-christlich-islamischen Beziehungen auf der Iberischen Halbinsel**[32]

Die Basis zum gegenseitigen Verstehen von Christentum und Islam zu verbessern und zu vertiefen, gehört zu den wichtigen Aufgaben in der Gesellschaft. Einen wesentlichen Beitrag kann dazu auch die Aufarbeitung der christlich-islamischen Beziehungen in der Geschichte, besonders der Iberische Halbinseln bieten.
Einer der Vorreiter auf diesem Gebiet war der Religionswissenschaftler und Arabistik-Spezialist **Míkel de Epalza Ferrer** (1938–2008) von der Universität Alicante. Seine international hoch geschätzten Arbeiten sind in Deutschland kaum bekannt geworden. Dazu gehört auch die langjährige Herausgeberschaft des **Jahrbuchs Sharq al-Andalus** zu Studien der „Mudéjares“ und der „Moriscos" (= Muslime unter christlicher Herrschaft und Nachfahren der Muslime nach der Conquista 1492).

[32] Weitere Zugänge auf der Webseite: http://buchvorstellungen.blogspot.de/search?q=Epalza

Ausführliches zu Leben und Werk von **Míkel de Epalza Ferrer** bietet der **Nachruf von Prof. Dr. Luis F. Bernabé Pons,** seinem Nachfolger auf dem Lehrstuhl für arabisch-islamische Studien der Universität Alicante. Die Interreligiöse Arbeitsstelle (INTR°A), dessen Mitglied Míkel de Epalza war, hat eine Reihe von seinen Texten in Deutsch herausbringen können, auch das inzwischen vergriffene Buch: **Jesus zwischen Juden, Christen und Muslimen. Interreligiöses Zusammenleben auf der Iberischen Halbinsel (6.-17.Jh.)**

Weitere Texte auf Deutsch von Míkel de Epalza

- Überlegungen zum religiösen Pluralismus und die Toleranz auf der Iberischen Halbinsel im Mittelalter
- Arabisch-spanische Symbiose des Schriftstellers Anselm Turmeda und seine Aktualität in der Islamisch-christlichen Polemik, besonders Frankreich und Katalonien
- García Goméz und die Autorschaft des Barnabas-Evangeliums
- Konversion in iberischen Gesellschaften (5.–20. Jh.)

Weiterführendes zur (mittelalterlichen) Geschichte der Iberischen Halbinsel

- Wiebke Deimann: Juden, Christen und Muslime im mittelalterlichen Sevilla. Religiöse Minderheiten und muslimischer und christlicher Dominanz (12.-14. Jh.) Berlin: LIT 2012
- Spanien (1492) und Portugal (1498): Inquisition und Vertreibung Hagalil.com vom 07.11.2013
- J. Agustín Nuñez (ed.): **Córdoba in focus**. Granada: Edilux 2001, 96 S., zahlr. Abb.
- **Museum ohne Grenzen: 13 Thematische Reisewege durch die Mudejar-Kunst.**
- Das Buch zum **Museum ohne Grenzen (Hg.): Die Mudejar-Kunst. Islamische Ästhetik in christlicher Kunst.** Internationaler Ausstellungsstraßen-Zyklus Museum ohne Grenzen – Islamische Kunst im Mittelmeerraum. Tübingen u.a.: Wasmuth 2006, 316 S., Abb., Glossar

- **Hamid Nasr Abu Zaid: Wegbereiter einer modernen Koran-Auslegung**

Der Literaturwissenschaftler und große islamische Reformdenker, der Ägypter Nasr Hamid Abu Zaid (10.07.1943 - 05.07.2010) gehört zu denjenigen, die mit kritisch-exegetischen Analysen die Debatte um ein heutiges Verständnis des Korans international in Bewegung brachten. Konservative seines Heimatlandes erreichten seine Zwangsscheidung (wegen seines “Abfalls” vom Islam).

Zusammen mit seiner Frau ging er ins Exil. In den Niederlanden lehrte er am Ibn-Rushd-Lehrstuhl der Universität Utrecht. In der letzten Zeit hatte sich das Verhältnis zu den ägyptischen Autoritäten wieder gebessert, und der damalige Religionsminister Zaqzouq wünschte sogar, dass er wieder nach Ägypten zurückkäme. Sein Tod hat einen wichtigen Brückenbauer zwischen Tradition und Moderne leider verstummen lassen. Es sei angemerkt, dass er aufgrund seiner bahnbrechenden Forschungen 2005 den **Ibn Rushd-Preis** erhielt. Einige seiner Werke sind auch in Deutsch erschienen. Bereits die Titel lassen die innovative Kraft seiner Textinterpretationen erahnen.[33]

Es sei hier z.B. erinnert an:

--- Islam und Politik. Kritik des religiösen Diskurses. Frankfurt/M. 1996

--- Mohammed und die Zeichen Gottes. Freiburg/Br. 2008

--- Gottes Menschenwort. Für ein humanistisches Verständnis des Koran. Freiburg/Br. 2008

Einen schönen Einblick in Leben und Werk bietet:

--- Nasr Hamid Abu Zaid: Ein Leben mit dem Islam. Erzählt von **Navid Kermani**. Freiburg/Br. 1999

• Cheikh Khaled Bentounes und der Sufiorden der Alawiyya[34]

Während überall im Lande die Negativschlagzeilen über den Islam die Runde machen, wird allzu leicht übersehen, wie viele Muslime sich um ein friedfertiges gesellschaftliches Zusammenleben bemühen. Besonders der Sufismus mit seiner innigen Spiritualität zeichnet dieses Bild eines dialogisch offenen Islam. Eine erstaunliche Rolle spielt die überwiegend in Algerien und Frankreich beheimatete Sufi-Gemeinschaft der **Alawiyya (Association Internationale Soufie Alawiyya – AISA)**, die auch einen Zweig in der Schweiz und in Deutschland hat.

Der geistliche Führer dieser Gemeinschaft, **Cheikh Khaled Bentounes**, betont immer wieder die Notwendigkeit des Dialogs von Menschen verschiedener Religionen und Weltanschauungen, um gemeinsam dem Frieden in oft zerrissenen Gesellschaften näher zu kommen.

Die spannende Geschichte der **Alawiyya-Gemeinschaft** beginnt mit der Gründung durch den Urgroßvater *Cheikh Ahmed Al-Alawi* (1869-1934) im kolonialen Algerien.[35]

---

[33] Weitere Infos zu Leben und Werk: http://textmaterial.blogspot.de/2013/06/hamid-nasr-abu-zaid-wegbereiter-einer.html

[34] Mehr Infos unter: http://intra-tagebuch.blogspot.de/2014/01/sufismus-heute-das-beispiel-des.html

[35] Vgl. dazu das Buch von Martin Lings: Ein Sufi-Heiliger des 20. Jahrhunderts. Scheich Ahmad Al-'Alawi. Sein geistiges Erbe und Vermächtnis. Kandern: Spohr 2008

Die Weiterentwicklung von den Anfängen des Ordens bis hin zur Unabhängigkeit von Frankreich und die Erneuerung der Sufi-Gemeinschaft durch den jetzigen Scheich erzählt das Buch (nur in Französisch):
Cheikh Khaled Bentounes avec Bruno Solt: La Fraternité en Héritage. Histoire d'une confrérie soufie. Paris: A. Michel 2009
(deutsch: Die Brüderlichkeit im Erbe. Geschichte einer Sufi-Bruderschaft)

Eine besonders öffentlichkeitswirksame Begegnung mit dieser interreligiös offenen Spiritualität des Alawiyya-Ordens fand zum Jahreswechsel 2013/14 in Saarbrücken statt, und zwar unter dem Thema: **Schönheit der Vielfalt.**

Meditation, Gebet, Dialog und Diskussion bildeten einen Gesamtrahmen, der zugleich Elemente der Frieden fördernden Kraft islamischen Glaubens zum Ausdruck brachte. Die Saarbrücker Zeitung berichtete mehrfach ausgesprochen positiv am Anfang des Jahres 2014.

Beispiele bisheriger Begegnungen:
Auf einer großen von AISA organisierten **Konferenz in Genf (9.-10. Okt. 2010)** machten die Redner, unter ihnen auch Cheikh Khaled Bentounes, deutlich, dass es ihnen um einen spirituellen Islam geht, der als freie Glaubensäußerung zugleich verantwortlich für einen Islam des Friedens konkret eintritt.
Auch bei der Verleihung des **Tschelebi-Friedenspreises im westfälischen Werl am 7. November 2010** machten die Vertreter der Gemeinschaft zugleich mit dem Chor der Gruppe deutlich, wie sehr ihnen daran gelegen ist, die Friedenskräfte des Islam gemeinsam mit den anderen Religionen durch interreligiöse Begegnungen zu verstärken.

- **José María Vigil: Religiöser Pluralismus und die Option für die Armen**

1. Religiöser Pluralismus in Lateinamerika

Der aus Zaragoza in Spanien stammende und in Panama lebende Theologe und Claretinerpater **José María Vigil** hat 2005 mit folgendem Titel erhebliches Aufsehen und erregt und eine intensive Diskussion in Gang gesetzt:
Teología del pluralismo religioso (Quito/ Ecuador: Abyayala **2005**)
Inzwischen ist auch eine vollständige deutschsprachige Ausgabe erschienen:

Theologie des religiösen Pluralismus. Eine lateinamerikanische Perspektive. Innsbruck-Wien: Tyrolia 2013.

Durch diese Veröffentlichung kann nun auch dem deutschsprachigen Leserpublikum der innere Zusammenhang von religionspluralistischer Theologie und lateinamerikanischer Befreiungstheologie deutlicher gemacht werden können. Was bedeutet das im Einzelnen?
J.M. Vigil setzt konsequent theologisch auf die Option für die Armen, wie sie die "Theologie der Befreiung" betont. Er verbindet dies mit Ansätzen aus den religionspluralistischen Theologien, z.B. von John Hick. Gerade diese Konvergenzen machen Vigils Buch in dialogischer Weise bisher einzigartig.
In der kürzeren englischsprachigen Ausgabe schreibt der amerikanische Theologe **Paul Knitter** (USA) im Vorwort:

«Vigil's book is an "unicum." That it provides a broad perspectival review and assessment of various Christian approaches to other religions is not anything new. What is definitely and encouragingly new is that it does so from the perspective of the experience of Latin American Christians, which means in the framework of liberation theology».[36]

2. Der größere Zusammenhang von Theologie des religiösen Pluralismus und Theologie der Befreiung

José María Vigil gehört übrigens zu einer größeren Gruppe lateinamerikanischer Theologen, die sich intensiv für eine pluralistische Theologie der Befreiung im Kontext der Option für die Armen einsetzen und kostenlose Zugänge zu wichtigen Büchern und Materialien ermöglichen.

Viele interessante Bücher und Beiträge finden sich unter der von J.M. Vigil mitbetreuten Webseite: **Servicios Koinonia.** Diese ist Teil von **RELaT = Revista Electrónica Latinoamericana de Teología**, ein Internet-Portal, das in Quito Ecuador beheimatet. RELAT ist die älteste digitale Zeitschrift in Lateinamerika (seit 1993). Dieser „Service" betreut auch eine digitale Bibliothek, die auf die Theologie der Befreiung spezialisiert ist und nun auch die Theologie des religiösen Pluralismus mit einbezieht.

3. Die Buchreihe "Along the Many Paths of God" – Entlang der vielen Wege Gottes

Mit ihrem Koordinator J.M. Vigil beschloss die lateinamerikanische Kommission von **EATWOT** (Ecumenical Association of Third World Theologians) bereits auf ihrer Generalversammlung 2001 in Quito (Ecuador):

[36] José María Vigil: Theology of Religious Pluralism. Berlin u.a.: LIT 2008, S. 13

Die Befreiungstheologie und die Theologie des religiösen Pluralismus sollen sich gegenseitig befruchten (cross-fertilize). Dazu soll eine pluralistische Theologie der Befreiung ausgearbeitet werden. Damit würde eine Theologie des religiösen Pluralismus entstehen, die zugleich Befreiungstheologie wäre.

Das Projekt bezieht mehr als 70 Theologen mit ein, in dessen Rahmen eine Buchreihe wurde. Hier werden diese Überlegungen sorgfältig weiter ausgeführt. Diese Buchreihe ist in Spanisch, Portugiesisch und Italienisch veröffentlicht worden und kann bei **Tiempo Axial** eingesehen und heruntergeladen werden.
Weitere Informationen auf der Webseite: Brückenbauer des interreligiösen Dialogs.[37]

[37] Direktlink: http://textmaterial.blogspot.de/2012/04/nicht-nur-lateinamerika-religioser.html

4. Begegnung der Religionen – lokale und globale Impressionen

• Dialog der Religionen – Übersicht und Orientierung

Diese Übersicht ermöglicht, die verschiedenen grundsätzlichen und praktischen Aspekte interreligiöser Begegnung genauer kennenzulernen, und zwar im Sinne von Informationen, Dokumentationen, Buchbesprechungen (Rezensionen) und weiterführenden Links. Sie zeigen Gruppierungen und Einrichtungen an, die ebenfalls interreligiös tätig sind.[38]

1. Information

- *Interreligiöses Dialog-Journal:* Nachrichten und Berichte zur Begegnung der Religionen.
- *Interreligiöse Veranstaltungen* mit Hervorhebung von besonderen Veranstaltungen.
- *Brückenbauer des interreligiösen Dialogs*: Beispiele von Frauen und Männern, die sich besonders für die interkulturelle und interreligiöse Verständigung eingesetzt haben oder immer noch einsetzen.
- *Lernorte* – kulturell, religiös, interreligiös – laden zum Besuch von interessanten sakralen und anderen Gebäuden und Plätzen ein, die den eigenen Denkhorizont erweitern können.
- Virtuelle *Museumsrundgänge* und religiöse *Zeitreisen* – Entdeckungen der Welt im Internet.
- *Festkalender der Religionen*
  mit Beschreibungen der Feste von 10 Religionen: Damit man weiß, wann die einzelnen Religionen feiern.
- Der *INTR°A-Projektpreis* für Komplementarität der Religionen ist eine jährliche Auszeichnung der Interreligiösen Arbeitsstelle (INTR°A) für interkulturelle Initiativen

2. Dokumentation

- *Interreligiöse Bibliothek - Interreligious Library*
  Kataloge – print und digital, Materialzusammenstellungen, Archiv.
- *INTR°A-Tagungen seit 1990* – Übersicht und Dokumentation aller bisherigen Jahrestagungen an verschiedenen Orten in Deutschland.
- *Seminare* – Thematik: Religionen und interreligiösen Begegnungen.

[38] Mehr Infos: http://religiositaet.blogspot.de/2012/01/interreligiose-arbeitsstelle-ubersicht.html

- Verbindung zu *rpi-virtuell*, dem deutschsprachigen Religionslehrerportal.
- *Nachdenkenswerte Texte* von Freundinnen und Freunden interreligiöser Begegnung.
- *Meditatives – Kontemplatives – Mystisches:* Besinnungstexte, Bilder und Anregungen für meditative Übungen, verbunden mit dem mehr poetischen Blog: *Tag und Nacht Gedanken.*
- *Textmaterial* – der Blog für die eigene thematische Recherche (mit Stichwortsuche)
- *Besonders hervorgehobenen Webseiten*:
  --- Weltethos und Goldene Regel
  --- Jenseitsvorstellungen in den Religionen
  --- Kunstprojekte: *Engel der Kulturen* und *Friedenslicht der Religionen*
- *Rezensionen / Reviews* insgesamt mit einem ausführlichen Archiv auf der Seite: *Ein-Sichten.*
- **Kooperation / Kommunikation** – vgl. die ausführliche Link-Liste[39]

- **Die Vision von der Gleichwertigkeit der Religionen**

Die Religion der Liebe bei Ibn Arabi

„Jetzt können alle Bilder und Formen
Platz in meinem Herzen finden,
denn mein Herz wurde eine Weide für die Gazellen,
ein Kloster für die Mönche,
ein Tempel für die Götter (auch "Götzen" möglich),
eine Kaaba des Tawaf (= Umkreisung der Ka'ba),
eine Tafel der Tora
und ein Buch des Korans.
Ich gehöre der Religion der Liebe
und wandele mit festen Schritten auf ihrer Karawanenstraße,
denn Liebe ist mein Bekenntnis und mein Glaube."[40]

Gotthold Ephraim Lessing (1729–1781). **Nathan der Weise – Ringparabel**
Die Begegnung der Religionen wird in der Aufklärung bewusst und auch kirchenkritisch thematisiert.

[39] http://textmaterial.blogspot.de/2013/09/interreligiose-arbeitsstelle-intra.html
[40] Ibn Arabi von Murcia (560-638 n.H. = 1165-1240 n. Chr.): Eigene Übersetzung aus einer französischen Ausgabe: Ibn ´Arabi: L'interprète des désirs. Paris: A. Michel 1996, S. 117f

Die auf Giovanni Boccaccio (1313–1375) zurückgehende Ringparabel, die Gotthold Ephraim Lessing in einen szenischen Kontext setzte, wurde sehr schnell als Dokument der Toleranz gepriesen. Auch ihre Wirkungsgeschichte ist bis heute keineswegs abgeschlossen, ja es stellt sich ernsthaft die Frage, ob das Christentum in seiner Gänze wirklich hinter dieser Aussage steht:

> *Es eifre jeder seiner unbestochnen von Vorurteilen freien Liebe nach!*
> *Es strebe von euch jeder um die Wette,*
> *die Kraft des Steins in seinem Ring an Tag zu legen!*
> *Komme dieser Kraft mit Sanftmut, mit herzlicher Verträglichkeit,*
> *mit Wohltun, mit innigster Ergebenheit in Gott zu Hülf!*
> *Und wenn sich dann der Steine Kräfte bei euern Kindes-Kindern äußern,*
> *so lad ich über tausend tausend Jahre sie wiederum vor diesen Stuhl.*
> *Da wird ein weisrer Mann auf diesem Stuhle sitzen als ich*
> *und sprechen, geht!* [41]

Gerade eine dogmatisch eher festgelegtes Christentum tut sich bis heute schwer, die Konsequenzen dieses aufklärerischen Toleranzbegriffes in die Tat umzusetzen, immerhin wird nichts Geringeres behauptet, als dass Christentum, Judentum und Islam gleichwertig seien und dass die Liebe zum Höchsten sie alle präge.

Friedrich II., der Große (1712-1786): **Alle Religionen sind gleich und gut**

Der König von Preußen war für seine Randglossen berühmt. Am 23. Juli 1749 setzte er durch, dass das evangelisch geprägte Glogau (in Schlesien), der katholischen Kirche und in Frankfurt/Oder einem katholischen Kaufmann die gleichen Rechte zukommen lassen musste:

„Die Religionen müssen alle tolerieret werden, und muss der Fiskal nur das Auge darauf haben, dass keine der anderen Abbruch tue, denn hier muss ein jeder nach seiner Fasson (= Konfession) selig werden."

Im gleichen Jahr heißt es auf eine Anfrage des Stadtrates von Frankfurt/Oder, ob ein katholischer Kaufmann das Bürgerrecht erwerben dürfe:

„Alle Religionen sind gleich und gut, wenn nur die Leute, so sie professieren (= bekennen), ehrliche Leute sind. Und wenn Türken (= Muslime) und Heiden (= Nichtchristen) kämen und wollten das Land peuplieren (= bevölkern), so wollen wir ihnen Moscheen und Kirchen bauen. Ein jeder kann bei mir glauben, was er will, wenn er nur ehrlich ist."[42]

[41] G.E. Lessing, Nathan der Weise, 3. Aufzug, 7. Auftritt

[42] (z.T. zitiert nach H. Rössler: Größe und Tragik des christlichen Europas.1955 – und wieder aufgenommen in: Christen im Dialog mit den Weltreligionen. Arbeitsblätter Sekundarstufe II. Stuttgart/Leipzig: Klett 1996, S. 13, M 2).

Nikolaus von Kues (1401-1464): **Der Weg zur Glückseligkeit**
„Das Hauptanliegen dessen, der dieses Gesetz, den Koran, aufgeschrieben hat, scheint gewesen zu sein, das Volk vom Götzendienst abzubringen. Diesem Ziel dienen Form und Inhalt der Verheißungen. Doch der Verfasser des Korans verurteilt das Evangelium nicht, im Gegenteil, er lobt es und gibt so zu verstehen, dass die Glückseligkeit, die im Evangelium verheißen wird, nicht weniger wert sei als die körperliche. Und die Verständigen und Weisen unter den Moslems wissen das. Avicenna, zum Beispiel, schätzt die geistige Glückseligkeit des Genießens und der Schau Gottes und der Wahrheit unvergleichlich höher ein als die im Gesetz der Araber beschriebene Glückseligkeit. Und so halten es auch die anderen Weisen.
Es wird also nicht schwierig sein, in diesem Punkt alle Glaubensrichtungen zur Übereinstimmung zu bringen. Man muss nur betonen, dass jene Glückseligkeit, die wir meinen, über alles geht, was man schreiben oder sagen kann, weil sie die Erfüllung alles Verlangens ist und bedeutet, dass man das Gute in seiner Quelle und das Leben in Unsterblichkeit erlangt."[43]

Martin Buber (1878–1965): **Der besondere Weg**
Gott sagt nicht: »Das ist ein Weg zu mir, das aber nicht«, sondern er sagt: »Alles, was du tust, kann ein Weg zu mir sein, wenn du es nur so tust, dass es dich zu mir führt«. Was aber dies ist, das eben dieser Mensch und kein anderer tun kann und tun soll, kann ihm nur aus ihm nur aus ihm selber offenbar werden. Hier kann, wie gesagt, nur irreführen, wenn einer darauf schaut, wie weit es ein anderer gebracht hat, und es ihm nachzutun trachtet; denn dabei entgeht ihm eben, wozu er und nur er allein berufen ist. ... Auf welchem Weg ein Mensch zu Gott gelangt, kann somit nichts anderes ihm sagen als die Erkenntnis seines eigenen Wesens, die Erkenntnis seiner wesentlichen Eigenschaft und Neigung. »In jedermann ist etwas Kostbares, das in keinem anderen ist. Was aber in einem Menschen »kostbar« ist, kann er nur entdecken, wenn er sein stärkstes Gefühl, seinen zentralen Wunsch, das in ihm, was sein Innerstes bewegt, wahrhaft erfasst." [44]

---

[43] Der spätere Kardinal von Brixen gehört mit dem hier zitierten Werk zu den großen Theologen im Spätmittelalter: Vom Frieden zwischen den Religionen (Hg. K. Berger / C. Nord). Frankfurt/M. / Leipzig: Insel 2002, S. 123

[44] Martin Buber: Der Weg des Menschen nach chassidischer Lehre. Heidelberg: Lambert Schneider 1994, S. 19f

- **Das Weltethos intensivieren und konkretisieren**[45]

Das **Parlament der Weltreligionen (CPWR** – Council of the Parliament of the World's Religions) – mit vielen Gruppierungen weltweit – berichtet regelmäßig von interreligiösen Begegnungen und Aktionen. Diese internationale und interreligiöse Organisation hat seit ihrer Gründung im Jahre **1893 in Chicago** das Ziel, mit den Friedenskräften aus allen religiösen Traditionen Versöhnung voranzutreiben. Seit der hundertsten Wiederkehr dieses Ereignisses hat es in mehreren Städten internationale Treffen gegeben, zuletzt in Barcelona 2004 und Melbourne 2009.[46]
Nun sind alle Dialog-Engagierten eingeladen, eine Petition für die Weiterverbreitung des **Weltethos-Gedankens** zu unterschreiben und auch weitere Freunde und Interessierte zur Unterzeichnung einzuladen.[47]

Abdul Malik Mujahid, der "Parlamentsvorsitzende", hat zum 20. Jahrestag der **Weltethos-Erklärung von 1993 in Chicago** ein Vorwort geschrieben. Dort betont er, dass die Erinnerung an die Erklärung von 1993 dazu ermutigen sollte, das Engagement für eine weltweite interreligiöse Harmonie weiter zu verstärken. Jeder und jede wird geeignete Möglichkeiten entdecken, im eigenen Lebensumfeld für Frieden, Gerechtigkeit und Bewahrung der Schöpfung einzutreten, wie es die ethischen Prinzipien aller Religionen vorsehen.

- **Die interreligiöse Kraft der Musik – Trialog der andern Art**[48]

Für die Begegnung der drei monotheistischen Religionen bietet nicht nur die Sprache, sondern auch die Musik viele Möglichkeiten. Im Mittelalter entwickelte sich auf der Iberischen Halbinsel eine Bühne der Vermittlung von jüdischen, christlichen und islamischen Elementen. Davon profitieren wir bis heute. Musiker haben vor einigen Jahren damit begonnen, solche interreligiösen Schätze aktualisierend ans Licht, besser ans Ohr zu bringen.

Ein herausragendes Projekt ist dafür **TRIMUM mit einem Chor für Juden, Christen und Muslime**. Dass die berühmte **Stuttgarter Bachakademie** als federführender Veranstalter dieses Projekt vorantreibt, verstärkt noch die Erwartungen.

---

[45] Weiteres unter: http://intra-tagebuch.blogspot.de/2013/11/das-weltethos-intensivieren-und.html
[46] Berichte zu den Konferenzen: http://www.nachhaltigkeit.info/artikel/parlament_der_weltreligionen_750.htm
[47] Hier die Erläuterung und Einladung zur Unterschrift: http://action.groundswell-movement.org/petitions/live-out-the-vision-and-sign-a-global-ethic
[48] Mehr siehe: http://intra-tagebuch.blogspot.de/2013/10/die-interreligiose-kraft-der-musik.html

Initiator und Promotor ist **Bernhard König,** der sich nicht nur als ehemaliger Konzertveranstalter, sondern gerade in der letzten Zeit als Autor, Komponist und Interaktionskünstler hervorgetreten ist. **Bernhard König** hat im *WDR 5 – Tischgespräch* vom 02.10.2013 dargestellt, wie gerade die Musiktraditionen verschiedener Kulturen und Zeitalter ein neues Hören ermöglichen und Zugänge zu menschlichen Gemeinsamkeiten eröffnen, die man teilweise gar nicht vermutet hätte. Seit 2012 werden so Spuren verdichteten interreligiösen Singens gelegt, und zwar unter folgenden Themen:

- 2012: Wie klingt, was du glaubst?
- 2013: Miteinander singen?
- 2014: Eine neue Musik des Trialogs.

Man darf wahrhaftig gespannt sein, was sich hier noch alles entwickeln wird!

Die religiösen Traditionen der drei Religionen sind auch Schwerpunkt folgender Ensembles, die inzwischen recht bekannt geworden sind:

- Ensemble Sarband
- Pera-Ensemble: Musik für den Einen Gott
- Ensemble Sera
- Al-Andalus-Ensemble
- Al-Andaluz-Projekt

- **Brasilien in Frankfurt – Buchmesse Oktober 2013**

Die **Frankfurter Buchmesse** ist mit rund 7.300 Ausstellern aus etwa 100 Ländern (im Jahre 2013) die größte Buch- und Medienmesse der Welt. Auch dieses Jahr war sie wieder geprägt von literarischen und ästhetischen Glanzlichtern. Auf den Bühnen und an den Ständen wurden die Brennpunkte politischer und kultureller Konflikte ins Licht gerückt. Das zeigte sich eindrücklich beim
Weltempfang, dem Zentrum für Politik, Literatur und Übersetzung.

Brasilien als Ehrengast der Buchmesse 2013 hat sich mit einem vielstimmigen literarischen Angebot gemeldet und mit einem Pavillon – nur aus Papier gestaltet – wunderbar in Szene gesetzt. Die Besucher tauchten in eine Atmosphäre des Nachdenkens und der Ruhe ein. Im Pavillon gab es die Möglichkeiten, in Hängematten Literatur zu hören oder an Kartonage-Tischen zu lesen. Übrigens konnte man auch radelnd (!) viele Informationen über Brasilien er-fahren.
Angesichts dieses gelungenen kulturellen Öffentlichkeitsbildes mit 70 ausgewählt-eingeladenen Autoren muss jedoch auch der Blick auf die Schattenseiten des

größten lateinamerikanischen Landes erlaubt sein. Viele Schriftsteller Brasiliens nehmen mit ihren Romanen und Novellen und in der Öffentlichkeit kein Blatt vor den Mund – bis hin zum Protest gegen ein geschöntes Gesellschaftsbild im Horizont der Fußballweltmeisterschaft 2014. Einige Schriftsteller blieben sogar der Buchmesse bewusst fern – wie der weltbekannte Paulo Coelho, oder sie wurden gar nicht eingeladen.
Es sei schließlich die Frage erlaubt, wie viele Bäume für den schönen Papierpavillon ihr Leben lassen mussten. Leider erfährt man dazu in der offiziellen Presse-Mappe nichts.

Durchaus pointiert nahm die **evangelische Kirche mit ihrem Begleitprogramm** die ermutigenden, aber auch bedrückenden Facetten Brasiliens auf:
Samba und Karneval, Religion und Glaube,
wirtschaftliche Entwicklung und Umweltzerstörung, arm und reich.
Dennoch: Die Chance, das multikulturelle, indigene und multireligiöse Brasilien besser kennenzulernen, war in diesen Buchmesse-Tagen durchaus anregend gegeben.

Und es ging weiter:
Bis zum 20. Oktober fanden unter der Federführung der katholischen und evangelischen Studentengemeinde die **4. Lateinamerikanische Woche mit dem Ehrengast Brasilien** auf dem Campus Westend der Goethe-Universität statt.[49]

• Interreligiöse Museumsrundgänge und digitale Zeitreisen

Hier werden ZEITREISEN durch die Religionen und Begegnungen mit der WELT DER KUNST in ihrer globalen multikulturellen Struktur vorgestellt.[50]

Die Faszination der Weltgeschichte im **Zeitraffer** zu erleben, gehört zu den spannenden Einblicken. Die Religionen spielen in diesem Zusammenhang eine große Rolle. Und so erlebt man auch die **Die Geschichte der Menschheit** in **120 Sekunden!** Ähnliches gilt für die "Maps of War" zur **Geschichte der Religionen** in nur **90 Sekunden!**
-- Beispiele aus der Kunst:

- Das **Google Art Project** mit Bildern aus berühmten Museen der Welt
- Religiöse Entdeckungen in der Malerei: **Webgallery of Art**

---

[49] Alle weiteren Informationen unter: http://intra-tagebuch.blogspot.de/2013/10/brasilien-in-frankfurt-buchmesse-2013.html
[50] Digitale Zugänge unter: http://religiositaet.blogspot.de/2011/02/die-welt-in-90-sekunden.html

-- Weitere virtuelle Museen und Symbolgarten:

- Die Artothek bei rpi-virtuell ("Kurator" Jean-Louis Gindt, Luxemburg)
- Die Eule der Minerva ("Kurator" Andreas Mertin, Hagen)
- (Inter-)Religiöser Symbolgarten (Interreligiöse Arbeitsstelle, INTR°A)

-- Virtuelle Museumsrundgänge und Beispielorte:

- Discover Islamic Art (virtuelle Museumsrundgänge im gesamten Mittelmeerraum und einer Reihe europäischer Museen)
- Dorsten / Westfalen: Rundgang durch das Jüdisches Museum
- Frankfurt/M.: Virtueller Rundgang durch das jüdische Frankfurt.
- Girona: Begegnungen mit dem sephardischen Judentum
- Konstanz und Jan Hus – für Kinder erzählt (YouTube)
- Lens: Louvre Lens (Nähe Lille)
- London: Online Touren durch das Britische Museum
- New York: Zeitreisen im Metropolitan Museum
- Paris: Hauptwerke aus dem Louvre
- Paris: Begegnung mit traditionalen Religionen im Museum Quai Branly Spanien: Zeitreisen durch das jüdische Spanien – Caminos de Sefarad
- Telgte: Religio – Westfälisches Museum für religiöse Kultur
- Tunis: Bardo-Museum Tunis (Musée National): Römische und islamische Kunst

- **Die Interreligiöse Arbeitsstelle (INTR°A): Intentionen und Struktur**

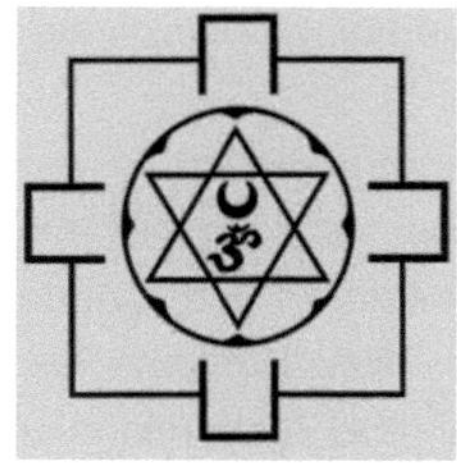

Die Interreligiöse Arbeitsstelle (INTR°A) e.V. ist ein Zusammenschluss von TheologInnen, PädagogInnen, ÖkonomInnen und anderen Interessierten, die durch Begegnungen und Publikationen den interreligiösen Dialog fördern wollen. INTR°A hält es für dringend erforderlich, die Offenheit gegenüber anderen Religionen zu verstärken, theologisch zu begründen und zu vertiefen. Zugleich soll der Gedanke von **Toleranz und Versöhnung** umfassend gefördert werden.
Bewahrung, Vertiefung und Förderung der eigenen religiösen Identität und Spiritualität sind dabei Grundlage eines weiterführenden Dialogs.

Dieser fragt danach, was die einzelnen Religionen von der Auslegung und Aktualisierung ihrer heiligen Schriften her zur Versöhnung unterschiedlich Glaubender leisten können.

Dabei kann nicht verschwiegen werden, was einzelne Religionen in diesem Bereich versäumt und andere an Weiterführendem schon erbracht haben.
Daraus ergeben sich gründlicher zu bedenkende Konsequenzen:

1. Interreligiöser Dialog kann nur sinnvoll zwischen **gleichen** Partnern und Partnerinnen geschehen.
2. **Absolutheitsansprüche** einzelner Religionen (wie auch des Christentums) dürfen sich nur auf die Verbindlichkeit des eigenen Glaubens beziehen.
   Das erlaubt kein noch so verdecktes inklusives Denken, das die anderen religiösen Traditionen in irgendeiner Form als minder-wertig einstuft. Es erlaubt auch kein inklusives Vereinnahmen (z.B. „anonyme" Christen, Buddhisten, Muslime usw.).
3. Das **Missionsverständnis** (besonders im christlichen Glauben) ist im Sinne eines persönlichen Zeugnisses und glaubwürdigen Engagements zu interpretieren, ohne dabei die anderen zur eigenen Glaubensweise bekehren zu wollen.
4. Die verschiedenen Religionen drücken nicht endgültige Wahrheit aus. Sie sind **sprachliche, rituelle und spirituelle Annäherungen an das Transzendente.** Ihre Aussagen sind vorläufig. Sie bedürfen ständiger Überprüfung und aufgrund veränderter Situationen kompetenter Revision.
5. Religionen sind eingebunden in vielfältige Kulturen und differierende Denkweisen. Sie sind darum als **unterschiedliche Wege zum Heil** zu verstehen. In einer globalisierten Welt kann keine Religion mehr für sich leben, sondern nur in Beziehung mit anderen.
6. Interreligiöse Begegnung ist darum Herausforderung und Bereicherung zugleich, m.a.W. **die anderen religiösen Anschauungen sind notwendig im Sinne der Komplementarität** als des ergänzenden Verstehens durch den Anderen.

Forschungsmöglichkeiten, Arbeitsergebnisse und vertiefte Informationen sollen durch praktische Begegnungen, Konferenzen, Meditationen und durch die Aufarbeitung einschlägiger Literatur ausgeweitet und weitervermittelt werden. Darum unterhält, sucht und erweitert die Interreligiöse Arbeitsstelle Kontakte zu interreligiösen Organisationen und Institutionen auf nationaler und internationaler Ebene, um sich auf diese Weise in das Netzwerk internationaler Versöhnungs- und Friedensarbeit einzubringen.

Jedes Jahr verleihen wir im Rahmen eines Wettbewerbs den
„INTR°A-Projektpreis für Komplementarität der Religionen" (s.u.)

Angesichts der Tatsache, dass unsere Welt als *eine* Welt durch mannigfaltige tödliche Bedrohungen herausgefordert ist, können dialogorientierte Beiträge nicht unwichtig sein, um die Zukunft glaubwürdiger als bisher wahrzunehmen.

Die Mitarbeit in der Arbeitsstelle geschieht ehrenamtlich. Die Mitglieder bringen ihre praktischen und wissenschaftlichen Erfahrungen ein.
Für die Studien- und Forschungsarbeit steht eine **digital erweiterte Fachbibliothek** mit Archiv in Nachrodt/Wesfalen zur Verfügung.
INTR°A ist als eingetragener Verein (e.V.) vom Finanzamt Altena in Westfalen als gemeinnützig anerkannt. [51]

- **Der INTR°A-Projektpreis für Komplementarität der Religionen**

Ausschreibung:[52]
INTR°A, die Interreligiöse Arbeitsstelle in Nachrodt (Westfalen), arbeitet seit 1990 an der Verständigung zwischen den Religionen. Deshalb hat ihr die ***Stiftung Apfelbaum*** – Lernprojekt für Ko-Evolution und Integration in Köln – diesen INTR°A-Projektpreis ermöglicht.
INTR°A vergibt diesen Preis jährlich an einzelne Personen, Gruppen oder Einrichtungen, die in Wort und Tat für Komplementarität der Religionen eintreten. Menschen, die solche Projekte betreiben oder kennen, sind eingeladen, Bewerbungen bei INTR°A einzureichen.
Eine unabhängige **Jury** entscheidet über die Vergabe des Preises.

Was wird erwartet ?

- Innovative Projekte, die im Sinne von Toleranz und Versöhnung zwischen den Religionen bereits Wirkungen gezeigt haben oder Anstöße zu neuem Denken und Handeln geben.
- Arbeiten, die einen eindeutigen Bezug zu interreligiöser Praxis haben, Ausstellungen, Partnerschaftsprojekte u.ä. zum interreligiösen/interkulturellen Lernen und Zusammenleben sowie vergleichbare Arbeitsvorhaben.
- Eine ausführliche und wissenschaftlich fundierte Projektbeschreibung, in der das Projekt in angemessener Weise dargestellt wird.
- Es wird ein Preisgeld von 5.000 € ausgesetzt.

Der INTR°A-Projektpreis 2013 wurde im Rahmen einer Konferenz am 7. September in der Ev. Akademie Schwerte-Villigst verliehen.

---

[51] Homepage von INTR°A: www.interrel.de mit den Intentionen für die interreligiöse Arbeit: http://textmaterial.blogspot.de/2013/10/intentionen-und-struktur-der.html
[52] Webseite des Projektpreises: http://religiositaet.blogspot.de/2013/02/intra-projektpreis-fur-komplementaritat.html

Portraits bisheriger Preisträger und Projekte:

- 2013: Der *"Engel der Kulturen"* des Künstlerpaares Gregor Merten und Carmen Dietrich
- 2012: Leo Lebendig : "Friedenslicht der Religionen"
- 2011: Aufbau des Scivias-Instituts in Bad Kreuznach
- 2010: Christlich-islamische Projektgruppe Esslingen
- 2009: Islamisches Wissenschafts- und Bildungsinstitut (IWB) Hamburg
- 2008: Prof. Dr. Veer Bhadra Mishra, Benares (Indien)
- 2007: Interfaith Encounter Association (IEA), Jerusalem
  2006: Interreligiöse Filmprojekte von Prof. Dr. Marc Katz, Karlstad/Schweden
- 2005:
  1. Abrahamszelt in Ramle/Israel von Friedenskoch Jalil Schwarz
  2. Seelsorgezentrum im Universitätsklinikum Utrecht (Niederlande)
- 2004:
  1. *Living in the Holy Land* im Rahmen christlich-jüdischer Beziehungen
  2. Religion und Nachhaltigkeit in den PILGRIM-Schulen Österreichs
- 2003: Werkstatt der Weltreligionen Berlin
- 2002: Das Zentrum für Interreligiöse Studien und gemeinsame Aktion (CIRSJA) in Kanyakumari (Südindien)
- 2001: Islamisches Institut für Internationale Pädagogik (IPD) Köln
- 2000: Interreligiöse Versöhnung durch Kunst durch Mile Prerad, Rügen

- **Die Stiftung OMNIS RELIGIO – Merkzeichen interreligiöser Verantwortung**

Omnis Religio – das bedeutet: „alle Religionen umfassend". Dies ist der Name einer privaten Stiftung, die im Dezember 2003 vom Land Nordrhein-Westfalen anerkannt wurde. Sie hat es sich zur Aufgabe gemacht, **die interreligiöse Verständigung zu fördern und entsprechende nachhaltige Projekte zu unterstützen.**

Seit dem Jahr 2005 sind schon eine Reihe von Initiativen unterstützt worden. Der Förderpreis wird an interkulturelle Projekte, interreligiös tätige Einrichtungen oder Vorhaben einzelner vergeben.

Sehr wichtig ist dabei, dass der größere gesellschaftliche Zusammenhang im Sinne einer Verbesserung und Stabilisierung multireligiöser Bedingungen deutlich hervortritt.

Die **interreligiöse Motivation** lässt sich mit den dialogoffenen Äußerungen von Johann Wolfgang von Goethe und Gotthold Ephraim Lessing noch weiter verdeutlichen.[53]

Vorstand und Kuratorium wählen die jeweils zu fördernden Initiativen selbst aus, so dass gebeten wird, von Anfragen und Bewerbungen abzusehen!

Geförderte Aktivitäten 2005 – 2013:

2013: Das **Operndorf Afrika** in Burkina Faso,
initiiert von Christoph Schlingensief: "Von Afrika lernen"

- Aktuelle Einblicke in das Operndorf
- Alle Newsletter, Pressematerialien und weitere Infos
- Infos und Spenden-Einladung bei betterplace.org

2012: Förderprojekt: Jacob Soetendorp-Institut, Den Haag

- Bericht im Dialog-Journal mit weiteren Links

2011: Interreligiöse Initiativen
der jüdischen Kantorin Avitall Gerstetter (Berlin)

- Aktuelle Berichte im Interreligiösen Tagebuch vom 6. Mai 2013
- "Musik ist eine universelle Sprache".
  Interview mit Avitall Gerstetter
  zu einem Gottesdienst am Israelsonntag
  im Berliner Dom (Deutschlandradio, 03.08.2013)
- Podcast vom Gottesdienst im Berliner Dom
  (Deutschlandradio, 04.08.2013)
- *Projekt "From Auschwitz to Berlin – We will call out your name"* mit Videoclip zur Holocaust-Erinnerung - damit die Namen und die damit verbundenen Geschichten nicht vergessen werden, verbunden mit einem Beispiel aus der Datenbank von Yad Vashem.

2010: TARGET – Aktion gegen Genitalverstümmelung
von Mädchen und Frauen in Afrika

---

[53] Zugang zu allen hier erwähnten Aktivitäten mit den entsprechenden Texten: http://religiositaet.blogspot.de/2010/12/stiftung-omnis-religio-merkzeichen.html

2009: Interreligiöse Bildungsarbeit der Begegnungsstätte der DITIB-Moschee Duisburg-Marxloh

2008: Interkulturelles Jugendprojekt in Köln-Vingst

2007: - 1. Multikulturelles Kunstprojekt im Blick auf christliche Kunst in Indien
– zusammen mit nichtchristlichen Künstlern

2007: - 2. Kunstschule "Heiliger Andrei-Santiniketan"
zur interkulturellen Vertiefung, besonders von jungen Menschen der Region in Moieciu-Magura (Rumänien)

2006: Interreligiöse Arbeit zur Versöhnung der Religionen in Nigeria

- Infos zu Prof. Obiora Ike, Enugu
- Rezension des Buches von Obiora Ike:
  "Wende dein Gesicht der Sonne zu" (2007)
- Zur aktuellen Situation in Nigeria (taz online, 09.09.2013)

2005: Interreligiöses Projekt an der Marienschule Offenbach: "Begegnung mit dem Islam"

Die *Stiftung Omnis Religio* steht im **Stiftungsverzeichnis von Nordrhein-Westfalen** und ist zugleich beim **Bundesverband Deutscher Stiftungen** eingetragen.

- **Politisch-interreligiöses Kunst-Projekt der Künstler Carmen Dietrich und Gregor Merten: *Der Engel der Kulturen*[54]**

Seit mehreren Jahren ist die Skulptur **„Engel der Kulturen"** als rollendes Hoffnungssymbol unterwegs, um Zeichen des Friedens zwischen Religionen und Kulturen zu setzen.
An vielen Orten im In- und Ausland ist er schon gewesen und hat oft nachhaltige materielle Eindrücke hinterlassen: Dies sind Bodenintarsien, die in verschiedenen Städten als bleibendes **Denk-mal** eingelassen sind.

Hier die *Homepage des Engels* mit Fotos und Hintergrundinformationen[55]

---

54 Zusammenfassender Überblick: http://intra-tagebuch.blogspot.de/2013/03/und-weiter-rollt-der-engel-der-kulturen.html
55 Engel der Kulturen - Homepage: http://www.engel-der-kulturen.de/

Engel der Kulturen

Der *Engel der Kulturen* ist 2013 zum Träger des *INTR°A-Projektpreises für Komplementarität der Religionen* gewählt worden!

Diese rollende Skulptur hat seit ihrem Beginn bereits viele Städte in Deutschland besucht. Im Jahre 2013 standen allein 18 Städte zwischen Ahrensburg, Hamburg, Koblenz, Coburg und Augsburg auf dem Programm.

Der „innere“ Engel – aus dem „Rad“ herausgeschweißt

- **Der *Engel der Kulturen* in Duisburg**[56]

Am 24. März 2012 "hielt" der Engel an mehreren Stationen in **Duisburg**: DITIB-Moschee in der Wanheimer Straße, Katholische Kirche St. Bonifatius, Salvatorkirche am Burgplatz und Jüdisches Gemeindezentrum.

Die **Nacht der Offenen Gotteshäuser** bot eine beeindruckende Kulisse für das Legen von temporären Sandbildern an den einzelnen Stationen. Sie wurden mit Hilfe des Engel-Rades und weißem Sand gebildet. Interreligiöse Begegnung ist fortschreitende Bewegung.
An den einzelnen Stationen durch Gebete aus den drei Religionen gestärkt, folgten die Teilnehmer/innen dann dem Rad-Engel zur letzten Station.

Zum ersten Mal wurde eine Engel-Boden-Intarsie vor einer Synagoge in Deutschland verlegt, und zwar an der **Synagoge am Duisburger Innenhafen.**
Sie war von einer muslimischen Gruppe der Fatih-Moschee in Essen vorbereitet worden. Mit Gebeten von den Vertretern der drei Abrahamsreligionen wurde zum Ausdruck gebracht, dass die versöhnende Kraft der himmlischen Boten in unserer Gesellschaft ihr Friedenswerk weiter treiben möge.

Für die nächste Aktion wurde wiederum ein Stahlring für die Verlegung einer weiteren Bodenintarsie, und zwar in Leverkusen, ausgeschweißt. Inzwischen ist der "Engel der Kulturen" dort angekommen und hat ein sehr positives Echo bekommen

Den krönenden Abschluss bildete in der Synagoge Duisburg das Abrahamskonzert des **Ensembles AVRAM.** (AVRAM auf YouTube, 2'30"): An diesem Abend mit Musik und Gesang vom Mittelalter bis zur Neuzeit begegneten sich Okzident und Orient, ganz wie es der Mystiker **Djelaladdin Rumi** (1207-1273) Grenzen überschreitend fühlte:

„Was soll ich tun, o ihr Muslims? Ich kenne mich selber nicht: Ich bin weder Christ noch Jude, auch Parse und Muslim nicht; vom Osten nicht, noch vom Westen, vom Festland nicht, noch vom Meer, nicht stamm ich vom Schoße der Erde und nicht aus des Himmels Licht. Ich bin nicht aus Staub oder Wasser, aus Feuer nicht, noch aus Wind ... Mein Ort ist da, wo kein Ort ist, mein Zeichen ist ganz ohne Mal. Nicht Körper bin ich noch Seele – EIN GLANZ NUR VON SEINEM LICHT.

[56] Mehr zum „Engel der Kulturen“ und der Aktionen seit 2007 hier: http://intra-tagebuch.blogspot.de/2013/03/und-weiter-rollt-der-engel-der-kulturen.html

• Leo Lebendig und das *Friedenslicht der Religionen*

Der "Lichtmaler" **Leo Lebendig** aus Dortmund hat seit 2005 ein Kunst-Projekt weiterentwickelt, das die kollektive Sehnsucht nach einem zukünftigen friedlichen Miteinander der Kulturen als visuelle, leuchtende Projektion aufnimmt: **Judentum, Christentum und Islam** als symbolische Lichtkugel **ER-SCHEINEN** an historisch signifikanten Orten als **Einheit**:

- **Dieses ursprüngliche Projekt „Friedenslicht“** hat sich seit 2005 schnell künstlerisch dreifach und religiös sechsfach auf die großen Weltreligionen ausgeweitet, und zwar als:
- **Programm mit den drei *Himmelskörpern* – von April 2009 bis Dezember 2010** in Dortmund, Dinslaken, Thorn, Den Haag, Utrecht, Netanya und zum Jahresende 2011 am großen Hindu-Tempel in Hamm-Uentrop.
- **Sechseckiger Stern bzw. die *atmende Himmelssäule* der sechs Weltreligionen 2005–2010** in den Städten Hannover, Hamm, Unna, Dortmund, Thorn, Den Haag, Netanya, Utrecht, Dinslaken, Essen.

So wird die Installation des Lichtkörpers an besonderen religiös/kulturell geprägten Orten als ein Zeichen für die gegenseitige Achtung der jeweils Anderen verstanden: Die Ausübung der unterschiedlichen Religionen im eigenen, nachbarschaftlich erlebten Milieu bedeutet im kommunalen, nationalen und internationalen Kontext identische Vielfalt und Hoffnung auf ein friedvolles Leben.

Die Jury des INTR°A-Projektpreises für Komplementarität der Religionen hatte für das Jahr 2012 das Projekt "Friedenslicht der Religionen" von Leo Lebendig ausgewählt.

Realisierte und geplante Projekte:

- Ev. Kirche Dortmund Brackel 2009
- Aktionen zur Kulturhauptstadt Ruhr 2010
- Dortmund, Rathaus – WAZ-Online, 27.08.2010
- 15. Interreligiöses Gebet in Dortmund am 14.09.2010
- Friedenslicht in Jerusalem 2011 (15.01.–15.03.2011)
- Installation in der Dormitio-Abtei Jerusalem (21.01.2011)
- Friedenslicht der Religionen in Dortmund-Hörde
- Lange Nacht der Religionen in Berlin: Friedenslicht und Friedensgebet auf dem Gendarmenmarkt am 1. September 2012 und 17. August 2013
- Das Friedenslicht in Dortmund-Mengede (Oktober 2012)
- Friedhofskapelle Dortmund-Aplerbeck (April 2013)

- *Building Bridges* in Den Haag (27./28. April 2013)
- Dortmund: 8. Nacht der Religionen und Kulturen (20. Mai 2013)

Biografisches zu Leo Lebendig

Leo Lebendig wurde 1939 kurz vor Kriegsbeginn in Arnsberg im Sauerland geboren. Im Nachkriegsdeutschland wächst er, frühzeitig zu gestalterischer Tätigkeit angeleitet, in Auseinandersetzung mit dem Versuch des Begreifens der historischen Vergangenheit und des Erwerbs der Bildsprache der nun geltenden »Abstrakten Kunst» auf. Heute, zu Beginn des neuen Jahrtausends und im Bewusstsein der die Menschheit tödlich bedrohenden Gefahren, umschreibt Leo Lebendig seine Tätigkeit als Licht-Maler mit dem Begriff: "Initiatorische Kunst" – *"Sie markiert die Fahrt des Geistes auf den Wellen des Lichts und öffnet der Seele das Tor zum Lebendigen".*

Leo Lebendigs künstlerischer Weg ist bestimmt durch die Dialektik von Produktion und Reflexion. Die ständige Ist-Wert-Bestimmung der schöpferischen Tat als eines intentionalen Artefakts führt zu stets neuen Phasen der Kunst- und Lebensbewältigung. – Kunst ist ...

- Sehnsucht, in den Dingen zu sein. 1964
- Sehnsucht, in den Menschen zu sein. 1973
- Sehnsucht, in mir selbst zu sein. 1984
- Sein – Mensch sein. 1991
- Sehnen nach dem Einssein mit Gott. 2000

So stellt Leo Lebendig in den 60er Jahren, noch mit seinem Geburtsnamen Hans Jürgen Troegel signiert, von der Liebe zu Miró durchdrungene kalligraphische Bilder aus – erklärt im nächsten Jahrzehnt den Aufbau des freien Kommunikationszentrums «Nachbarschafts-Haus Dortmund-Wambel» zum Sozialen Kunstwerk – entdeckt in den 80er Jahren beim beidhändigen Malen sein Selbst und seinen Künstlernamen «Leo Lebendig» – begegnet im folgenden Jahrzehnt seinem «Licht des Lebens» und entschlüsselt sein «Lebensbild» mit dem Titel »Erkenne dich selbst, o Mensch!» oder «Alle Wege führen zu Gott».

Heute bezaubert Leo Lebendig landesweit die Besucher von Kirchen und öffentlichen Räumen durch seine raumgreifenden Lichtinszenierungen, die mit der geistigen Kraft der Farbe den nach friedlichem Zusammenleben Suchenden den Weg erhellen. [57]

---

[57] Weitere Informationen und Bildbeispiele: http://textmaterial.blogspot.de/2012/07/leo-lebendig-und-das-friedenslicht-der.html

- **Der West-östliche Diwan in Iserlohn**[58]

Es gibt ihn schon seit 1991, den west-östlichen Diwan in Iserlohn. Er findet drei- bis viermal in der Ev. Erlöserkirchengemeinde Iserlohn-Wermingsen statt.
Der Name ***Baustelle Kulturbrücke*** steht als Konzept hinter diesen interreligiösen Begegnungen. Ein bestimmtes Thema kommt jeweils besonders zur Sprache., z.B. am der Diwan Nr. 128: Montag, 18. November 2013 mit dem Thema: Wo ist die Kraft des Lebens?

Die Vielfalt der Religionen im „Diwan" Iserlohn

Unschwer ist zu erkennen, dass das Motto „unseres" Diwan von Johann Wolfgang von Goethe stammt:

Wer sich selbst und andre kennt
Wird auch hier erkennen:
Orient und Okzident
Sind nicht mehr zu trennen.
Sinnig zwischen beiden Welten
Sich zu wiegen lass ich gelten;
Also zwischen Ost- und Westen
Sich bewegen, sei's zum Besten!"[59]

Diese Worte des Dichterfürsten zeigen die Verwobenheit des Westens mit dem Osten. „Unser" Diwan nimmt diese Verwobenheit jedes Mal aktuell und grundsätzlich auf. Es gibt etwa vier Diwan-Termine im Jahr. Sie werden auch in einem **interreligiösen Veranstaltungskalender** angekündigt.

Zur Struktur: Meistens beginnen wir einen „Diwan" mit aktuellen Berichten, die oft durch Erfahrungen von „Betroffenen" verstärkt werden. Dazu kommt Vortrag und Rezitation von teilweise poetischen Texten aus anderen geografischen und spirituellen Landschaften. Wir nehmen das Hin- und Herwiegen also fast wörtlich.

---

[58] Weitere Infos über: http://intra-tagebuch.blogspot.de/2012/04/west-ostlicher-diwan-in-iserlohn.html
[59] J.W. von Goethe: West-östlicher Divan, Nachtrag 1825/26

Durch verschiedene Klänge und Lieder aus der christlichen Tradition und auch anderer Religionen wird Musik selbst zu einer Brücke zwischen den verschiedenen Welten und weckt in den Hörern oft unvermutete Erkenntnisse, welche eine multikulturelle und multireligiöse Bereicherung bedeuten.

Zur Geschichte: Seit dem Jahre 1991 setzen sich Menschen im Iserlohner Diwan oder auf diesem (geistigen) Diwan zusammen. Er fand verschiedene gastfreundliche Orte, an denen an der „Baustelle Kulturbrücke" mehrere Jahre „gearbeitet" wurde: Die Reformierte Kirche, City-Kirche, dann die Kapelle der Ev. Akademie bis zu deren Verkauf und nun schon mehrere Jahre im Gemeindehaus der Ev. Erlöserkirchengemeinde in Iserlohn-Wermingsen. Dazu gibt es Berichte, die man im Internet nachlesen kann.
Neben vielen vertrauten Gesichtern kommen immer wieder Interessierte neu hinzu. Sie bringen ihren unterschiedlichen biografisch-religiösen Hintergrund mit und setzen sich dem fremden Bekannten und dem Unbekannten und doch Vertrauten aus. Sie merken dabei, wie sie sich selbst verändern: Deutsche und Ausländer, Muslime, Christen, Anhänger der Baha'i-Religion, Marokkaner, Griechen, Iraner, Flüchtlinge aus Ex-Jugoslawien, Männer und Frauen.
Im Grunde hat mit diesem Diwan eine geistige Wanderung, eine interreligiöse Pilgerreise begonnen, von der zu hoffen steht, dass sie dem Zusammenleben von Menschen verschiedener Glaubensweisen und damit auch der deutschen Gesellschaft in unserer Region zugute kommt. [60]

- **Die Deutschen und die Ablehnung des Islam – Ergebnisse, die beunruhigen**

Bereits im Dezember 2010 erschien im Interreligiösen Dialog-Journal ein Bericht über Ergebnisse einer Studie der Universität Münster, die den **Deutschen Kulturrat** zutiefst beunruhigte. Denn die Deutschen haben offensichtlich wesentlich stärkere Ablehnungstendenzen gegenüber dem Islam (und auch anderen nicht-christlichen Religionen gegenüber) als die Bürger anderer europäischer Länder (die Schweiz einmal ausgenommen).
Selbst Frankreich, die Niederlande und Dänemark stehen besser da, und deren Bürger zeigen ein offeneres Demokratieverständnis als die Deutschen. Und Portugal gibt sich besonders tolerant!

---

[60] Weitere Informationen und Einladungen zu den einzelnen Terminen per Rundmail durch: Interreligiöse Arbeitsstelle (INTR°A): www.interrel.de

Allein dieses Daten zwingen zum Nachdenken: Während Niederländer, Franzosen und Dänen mehrheitlich positiv über Muslime denken (zu 62 %, 56 % und 55 %), gilt das in Deutschland nur für eine Minderheit von 34 % (West) und 26 % (Ost).

Auch der Hauptgrund dieser Intoleranz lässt sich feststellen: Fehlende Kontakte der autochthonen Deutschen zu den Eingewanderten und denen mit türkischer oder arabischer Migrationsgeschichte.

Der Leiter der Studie, Prof. Dr. **Detlef Pollack** stellte die Ergebnisse in knapper Zusammenfassung vor, um besonders an die Handlungskonsequenzen auch für die Politik zu erinnern, die sich aus solchen Untersuchungen ergeben.
Die Presse hat sich mit dieser Veröffentlichung intensiv auseinander gesetzt und ausführlich kommentiert.

- **Lampedusa als Signal**

Angesichts der Tausende im Mittelmeer ertrunkenen Flüchtlinge setzen Menschen in Italien nicht nur Zeichen der Trauer, sondern der Mahnung und Aufrüttelung gegen eine unmenschliche Politik der Abgrenzung Europas von den Nöten Afrikas und des Mittleren Ostens.
Wie die schweizerische *Neue Zuger Zeitung* berichtet, hat der italienische Filmkomponist Enrico Morricone ein Stück als ehrende Erinnerung für die Opfer der Flüchtlingstragödie im Mittelmeer vor der Insel Lampedusa komponiert:
Die Stimme der Untergegangenen.
In einer Mailänder Kirche wurde am Samstag, dem 2. November 2013, dem "Allerseelen"-Tag, dieses Stück in einer interreligiösen Zeremonie aufgeführt.
Vgl. den ausführlicher Bericht in der *Neuen Zuger Zeitung* und die Zusammenstellung in SPIEGEL-online zu "Lampedusa"[61]

- **Indonesien – zwischen dialogischer Offenheit und zunehmendem Fundamentalismus**[62]

Der durch Dialogoffenheit geprägte Islam Indonesiens gerät durch fundamentalistische Strömungen und islamistische Radikalisierungen, besonders aus dem wahabitischen Umfeld, immer mehr unter Druck.

61 Die angegebenen Zeitungsberichte können über diesen Link abgerufen werden: http://intra-tagebuch.blogspot.de/2013/10/lampedusa-als-signal.html
62 Zugänge zu allen Links über: http://intra-tagebuch.blogspot.de/search?q=Indonesien

Darunter leidet auch die **Muhammadiyya,** eine eher modernistische islamische Organisation, die sich besonders der Bildung und moralischen Verantwortung des Einzelnen und eine gerechten und freien Gesellschaft verpflichtet weiß.
Sie war bereits unter der niederländischen Kolonialherrschaft als Widerstandsbewegung entstanden. Den Konservativen ist diese Gruppierung zu liberal, den Liberalen zu konservativ, wie das Internet-Portal Qantara.de vom 27.12.2012 berichtet.
Glücklicherweise gibt es noch immer schöne positive **Ansätze demokratisch-dialogischer Verständigung** wie verschiedene Berichte von unabhängigen Beobachtern Zeit zeigen.

Zur Erläuterung:
Indonesien, mit etwa 240 Millionen Einwohnern, hat weltweit den größten muslimischen Bevölkerungsanteil (87%), aber zugleich auch beachtliche religiöse Minderheiten. Für die gesamte Bevölkerung gilt die **Pancasila als Basis eines friedlichen Zusammenlebens.**

Sie enthält **5 Grundprinzipien:**

1. Zusammenhalt der Nation
2. Humanismus und internationale Gesinnung
3. Beratung als Teil gesellschaftlicher Prozesse
4. Soziales Wohlergehen für die Bevölkerung
5. Prinzip der Herrschaft eines Einen All-Göttlichen über die gesamte Nation.

Die indonesische Verfassung erkennt in diesem Sinne sechs „Religionen“ an:

Islam, Katholizismus, Protestantismus
Hinduismus, Buddhismus
Konfuzianismus.

Unterschiedlich kulturell und religiös geprägt, stehen diese Religionen nun ein – für den Glauben an Gott, Demokratie und Freiheit. So wird die eigene Religion geachtet und das interreligiöse Miteinander gerade angesichts islamistischer Gewalttaten gerade in diesem Inselstaat mit 220 Millionen Einwohnern betont.

Die heilige Silbe OM des Hinduismus

Allerdings hat sich die Situation für die **Minderheit der Christen** (etwa 8% der Bevölkerung) in den letzten Jahren durch gewaltsame Übergriffe fanatischer Muslimgruppen erheblich verschlechtert. Das zeigen immer wieder aktuelle Meldungen.

Bereits 2002 hatte die Zeitschrift der kirchlichen Entwicklungszusammenarbeit, *der überblick*, die wachsenden gesellschaftlichen Spannungen durch die Radikalisierung religiöser Gruppen beschrieben: **Christen von Furcht getrieben.**

Dennoch: ein Versöhnungsbeispiel
Am 22.07.2011 berichtete der Newsletter des **"Parlaments der Weltgreligionen" von der weltweit größten interreligiösen Hochzeitszeremonie in Djakarta,** an der über 4500 Paare teilnahmen.

Die Heirat zweier Menschen muss in Indonesien durch die jeweilige offizielle Religionsgemeinschaft anerkannt werden. Auf Anregung einer humanitären Organisation haben diese Paare mit einer **interreligiösen Zeremonie** ihre offizielle Anerkennung bekommen. Und manchen armen Paaren wurden auch die teuren Hochzeitskosten erspart ... Unterschiedlich kulturell und religiös geprägt bekennen sich diese Paare zum indonesischen Staatskonzept *Pancasila* – für den Glauben an Gott, Demokratie und Freiheit.

- **Mar Moussa – ein Kloster des christlich-islamischen Dialogs in der syrischen Einöde**

Ein verfallenes Kloster, ein Jesuitenpater und die Bergwüste: Damit beginnt die dramatische Geschichte des italienischen Priesters **Paolo Dall'Oglio** in Syrien. Er entdeckte 1982 das verfallene Kloster, das den Namen ***Dair Mār Moūssā al-Habaschi*** trägt. Der Name bezieht sich auf einen äthiopischen Fürsten, Moses von Abessinien, der hier vor 1500 Jahren in der Einsamkeit mit einigen Gefährten die Nähe zu Gott suchte.

Seit 1984 baute Pater Paolo mit Freiwilligen die Klosterruine nach und nach wieder auf und machte sie zu einer Begegnungsstätte von Christen und Muslimen in der Region und darüber hinaus. In der klösterlichen Abgeschiedenheit leben Mönche und Nonnen (eine Besonderheit in der katholischen Kirche!). Menschen aus aller Welt, die bisher kamen, wurden gastfreundlich umsonst aufgenommen und halfen dann als Dank im Kloster mit.

Pater Paolo, unerschrockener Kämpfer für Gerechtigkeit und Frieden, hat seit den revolutionären Aufbrüchen in Syrien immer wieder zwischen den Fronten vermittelt. Er suchte während des brutaler gewordenen Bürgerkriegs die verfeindeten Gruppen auf und riskierte dabei sein Leben.

Seit vielen Monaten ist der Pater jedoch verschwunden – ein beunruhigendes Zeichen! Das hat hauptsächlich den im französischsprachigen Raum tätigen Freundeskreis von Pater Paolo (**Les amis de Mar Moussa**) bewogen, zu Gedenkveranstaltungen und für die Freilassung des Paters sowie aller syrischen Gefangenen die Stimme zu erheben. Inzwischen gibt es weltweit Solidaritätskundgebungen, die die Öffentlichkeit verstärkt auf diese dramatische Situation aufmerksam machen wollen.

Im Sommer 2013 noch erschien das Buch von **Paolo Dall'Oglio: La rage et la lumière** (= Die Wut und das Licht), das die schwierige und notwendige Friedensarbeit zwischen den verfeindeten Gruppen und zwischen Christen und Muslimen beeindruckend schildert, vgl. auch den Hintergrundbericht im Portal „Le Chiffon Rouge vom 30.08.2013 und weitere Informationen zur Situation in Syrien.[63]

- **Der Film „Das Herz von Jenin“**[64]

Dieser Film – seit Mitte Mai 2009 in den Kinos – erzählt die Geschichte eines palästinensischen Vaters, dessen kleiner Sohn 2005 von einem israelischen Soldaten erschossen wurde. Statt auf Rache zu sinnen oder in Hass zu verfallen, gibt der Vater Organe seines Jungen frei, um israelischen und arabischen Kindern neues Leben zu schenken – bewusstes Zeichen der Versöhnung in einer von Hass zerrissenen Region.

Man hat dem Film auch vorgeworfen, er schüre antiisraelische Ressentiments, weil eine streng orthodoxe Familie, deren Kind ebenfalls ein Organ des getöteten Jungen erhielt, sich sehr reserviert bei einem Besuch des Vaters verhielt. Aber das dürfte eher ein Problem von Fundamentalismus sein.

Der Vater möchte nämlich durch den Besuch bei allen Familien, bei denen sein Sohn als Organspender diente, sehen, wie das Leben seines Sohnes in anderen Kindern weitergeht. Der Film gibt dies auf eindrückliche Weise wieder.

[63] Info-Seite im Dialog-Journal:
Mar Moussa - ein Kloster des christlich-islamischen Dialogs in der syrischen Einöde

[64] Mehr zum Film: http://religiositaet.blogspot.de/2009/05/das-herz-von-jenin.html

- **Zur Situation der Christen im Nahen Osten, Süd(Ost-)Asien und Afrika**[65]

Durch die Revolutionen im Nahen Osten, besonders in Ägypten und den Bürgerkrieg in Syrien, hat sich die Lage für die dortigen Christen teilweise beunruhigend zugespitzt. Angesichts der rivalisierenden Kräfte ist schwer abzuschätzen, wie sich das bisher oft friedliche multireligiöse Zusammenleben in den nahöstlichen Gesellschaften weiter entwickeln wird, insbesondere wenn die Einflüsse gewalttätiger islamistischer Gruppierungen zunehmen.

Überhaupt haben sich in totalitären Regimen die **Christenverfolgungen** insgesamt ausgeweitet, besonders dort, wo gewalttätige islamistische Gruppen an die Macht kommen wollen oder anfangen, sich zu etablieren.
Aktuelles zu religiöser Diskriminierung und Verfolgung in verschiedenen Staaten recherchiert regelmäßig das in den USA beheimatete **PEW-Research-Center** in den USA. Die aktuelle Übersicht vom 14.01.2014 zeigt, dass dies zu einem großen Teil Christen in islamisch geprägten Regionen trifft. Man muss darum befürchten, dass das nahöstliche Christentum mehr und mehr verschwindet.

Wichtig bleibt darum weiterhin, dass die versöhnungsbereiten Kräfte aller Religionen ermutigt werden. In einem Interview hat der ägyptische Gastprofessor an der Universität Bonn, Wessam A. Farag, gemahnt, dass nur Versöhnung der Schlüssel für eine Beseitigung der Konflikte sein kann (ZERG Bonn, 20.09.2013). Es besteht die Gefahr, dass die zuvor und immer noch verfolgten Christen vergessen werden (so Markus Symank in Qantara.de vom 27.09.2013)

Ein Blick in die christliche Geschichte des Nahen Ostens
Der christliche Glaube entwickelte sich insbesondere durch die Missionsarbeit des Paulus und seiner Nachfolger zum weltgeschichtlichen Wendepunkt mit einer neuen Zeitrechnung (seit dem 4. Jh.). Aber durch die faktische Sprachgrenze im Römischen Imperium (griechischer Osten / lateinischer Westen) und durch dogmatische Konflikte – besonders zur **Stellung Jesu (Christologie)** und zur **Trinität** – lebten sich Ost- und Westkirchen auseinander. Neben dem Streit um die Festlegung des Ostertermins wuchs sich der “clash” um die **Bilderverehrung** und Ritenfragen aus (vgl. die orthodoxen **Ikonostase**).

Innerhalb des **östlichen Christentums** entstanden so die oströmische Reichskirche (byzantinische Kirche) sowie stärker ethnisch orientierte Kirchen.

---

[65] Weitere Informationen unter:
http://intra-tagebuch.blogspot.de/2012/04/christentum-im-orient-zwischen-duldung.html

Die bekanntesten orthodoxen Kirchen sind – verbunden mit den Patriarchaten von Jerusalem, Antiochien, Alexandrien (koptisch) bzw. Konstantinopel die griechisch-orthodoxe, später die mit Moskau verbundene russisch-orthodoxe sowie die Balkan-orthodoxen Kirchen.
Ein Teil der **orientalischen Kirchen** (z.T. **Nestorianer** etwa im Nahen und Mittleren Osten) wurde wegen abweichender Lehrmeinungen (wiederum die Stellung Jesu und die Trinität betreffend) aus den orthodoxen Kirchen ausgeschlossen und überlebte z.T. bis heute in den islamisch beherrschten Ländern, z.B. die Nestorianer und die **Aramäer (Syrisch-Orthodoxe)** im Nahen und Mittleren Osten. Bekannte altorientalische Kirchen sind die Kopten in Ägypten und Äthiopien sowie die Armenier in Kleinasien und in der Kaukasus-Region.
Allerdings war seit dem 8. Jh. das Verhältnis der christlichen Minderheit zur islamischen Mehrheit nie ungetrübt, aber man lernte, miteinander auszukommen.

Einer der besten Kenner des christlichen Orients ist **Prof. Dr. Martin Tamcke** von der Universität Göttingen, der ausführlich über die Christen in der islamischen Welt und die Problematik der Gewalt gegen Christen in vielen Ländern geschrieben hat.
Auch das Internet-Portal der Deutschen Welle, **Qantara.de**, berichtete (am 10.01.2011), wie sich in den letzten Jahren die konfessionellen Spannungen zwischen Kopten und Muslimen auch durch Restriktionen beim Bau von Gebäuden und für Ausübungsmöglichkeiten des koptischen Glaubens verschärft haben.
Die Folgen zuerst der Politik des Osmanischen Reiches und dann des westlichen (mit dem Christentum) verbundenen Kolonialismus sowie die immer wieder ausbrechenden Konflikte im Nahen und Mittleren Osten verschärften die Spannungen zwischen Christen und Muslimen (aber auch gegen das Judentum), besonders seit der 2. Hälfte des 20. Jahrhunderts – zugespitzt im **Palästinakonflikt.**
Vgl. das Interview mit dem evangelischen Pfarrer Mitri Raheb (Bethlehem):
"Ein abgeschotteter Islam gefährdet mehr Muslime als Christen"
(Qantara.de, 24.04.2012)
Islamistisch begründete Terrorakte nach dem 11. September 2001, trafen zunehmend Christen bei Selbstmordattentaten und waren gegen kirchliche Gebäude gerichtet. Im Blick auf Ägypten ist derzeit nicht abzusehen, inwieweit die starken islamistischen Strömungen oder die vom starken Militär gestützte antiislamistische Linie sich durchsetzen wird.
Ausführliche Berichte und Hintergrundinformationen zum arabischen Frühling und der sozialen, religiösen und Politischen Verschärfung der Lage (besonders in Ägypten und Syrien) und zum Verhältnis Islam-Christentum generell finden sich immer wieder im Interreligiösen Dialog-Journal.[66]

[66] Interreligiöses Dialog-Journal mit den dort immer wieder aktualisierten Berichten: http://intra-tagebuch.blogspot.de/2012/04/christentum-im-orient-zwischen-duldung.html

5. Islam und Alevismus: Riten, Feste, Theologie

• Islamisches Neujahr, al-Hidschra 2013/2014

Das **islamische Neujahrsdatum** wird nach dem Mondkalender berechnet und bezieht sich auf die **Auswanderung (Hidschra) des Propheten Mohammed** mit seinen Gefährten von Mekka nach Yathrib (= Medina) im Jahre 622 nach christlicher Zeitrechnung. Es ist weniger ein Feiertag vielmehr ein Gedenktag. In Medina reorganisierte Mohammed die Verwaltung, die als Stadtverfassung von Medina berühmt geworden ist.

Für alle Festtage und religiösen Riten im Islam bleibt die Berechnung nach dem Mondkalender entscheidend, der dem **islamischen Kalender** zugrunde liegt. Die Jahreszählung beginnt also mit dem Jahr 1 der Hidschra.[67]

Das islamische Neujahr liegt dann nach der Berechnung des Gregorianischen Kalenders am **4. November 2013** und eröffnet das **Jahr 1435 nach der Hidschra (n.H.)**. Das **Jahr 1436 n.H. beginnt von daher am 25. Oktober 2014.**

• Geburtstag des Propheten Mohammed[68]

Der **Prophet Mohammed (Muhammad)** wurde im Jahre 570 n.Chr. in Mekka geboren (wahrscheinlich am 30. August). Aufgrund des Mondkalenders für die Berechnung der Feste ist der Geburtstag im Jahr **2014** bei den **Sunniten** am **13. Januar,** bei den **Schiiten** eine knappe Woche später, am **19. Januar.**
Bei der Bewertung und bei der Datierung gibt es einige Unterschiede zwischen Sunniten und Schiiten. Erst ab dem 11./12. Jahrhundert gibt es größere Geburtstagsfeiern.

---

[67] Mehr Material zum islamischen Neujahr: http://intra-tagebuch.blogspot.de/2013/10/islamisches-neujahr-2013.html

[68] Weitere Informationen: http://intra-tagebuch.blogspot.de/2013/01/geburtstag-des-propheten-mohammed.html

Heute beleuchten etwa in der Türkei viele Kerzen und Lampen die Geburtsnacht. Darum heißt der Tag auch **Mevlid Kandili** (Lichterfest zum Geburtstag).
Die Gläubigen denken an den Propheten als Vorbild (besonders in der islamischen Mystik), man stimmt Lobpreisungen an, rezitiert den Koran und erzählt sich Geschichten aus der Prophetenzeit.

Hier ein beispielhafter Auszug: [69]
„... Mohammed entwickelte schon in früher Jugend eine intensive Frömmigkeit, die ihn sehr oft zum Tempelgelände an der Kaaba gehen ließ. Allerdings störte ihn sehr, dass dort eine Vielzahl von Göttern und eine Dreiheit von Göttinnen gleichzeitig verehrt wurden. Er weigerte sich, diese anzubeten, was ihm nicht gerade Freunde eintrug. Außerdem ärgerte er sich über die Art, wie die Mekkaner Handel und Frömmigkeit vermischten und aus dem Kult um die Kaaba kräftig Profit schlugen. Ehrlichkeit stand zur damaligen Zeit auch nicht sonderlich hoch im Kurs. Und Mohammed gehörte zu den wahrhaftigen Persönlichkeiten.

Mohammeds Begegnung mit einer großen Frau
Diese Ehrlichkeit und Aufrichtigkeit Mohammeds faszinierte die nicht mehr ganz so junge Witwe eines Kaufmanns, Khadidja, die den jungen Mann schon länger beobachtete. Sie suchte einen Handelsvertreter und bot Mohammed die freie Stelle an. Schon bald musste er eine Warenladung nach Syrien begleiten, um sie dort zu verkaufen. Das Geschäft war ein voller Erfolg. Darüber hinaus versuchte Mohammed immer wieder ungerechte Verhältnisse zu ändern, indem er Sklaven freikaufte und die Armen der Stadt unterstützte.
Nach und nach kamen sich Khadidja und Mohammed nicht nur geschäftlich näher, so dass diese beschloss, Mohammed zu heiraten. Der war gerade einmal 25 Jahre alt, aber das störte die ältere 40jährige Khadidja keineswegs. Er hatte ihr volles Vertrauen, nicht nur in ihren Handelsgeschäften, sondern auch in persönlichen Dingen.
Sie akzeptierte auch, dass Mohammed sich des Öfteren in die Stille der Wüste zurückzog, um dort in der Einsamkeit zu fasten, zu meditieren und zu beten.

Die Offenbarung des Koran (Al-Qur'an)
In einer Nacht des Monats Ramadan, der Nacht Al-Qadr (= die Nacht der Bestimmung), erschien ihm am Berg Hira bei Mekka vor einer Höhle der Erzengel Gabriel und forderte ihn auf: >Lies!<

---

[69] *Der Weg Mohammeds von Mekka nach Medina*, in: Reinhard Kirste / Paul Schwarzenau (Hg.): Gespiegelte Wahrheit. Biblische Geschichten und Kontexte anderer Religionen. Iserlohner Con-Texte Nr. 18 (ICT 18). Iserlohn 2009, S. 84 f

Mohammed konnte zwar gut rechnen, aber nicht lesen. Der Engel nötigte ihn jedoch, mehrfach zu lesen. Und so geschah es, dass sich die Worte dieser Offenbarung auf wunderbare Weise tief in seine Seele einprägten.
>Wahrlich, wir haben ihn (den Koran) herabgesandt in der Nacht von Al-Qadr. Und was lehrt dich wissen, was die Nacht von Al-Qadr ist? Die Nacht von Al-Qadr ist besser als tausend Monate. In ihr steigen die Engel und Gabriel herab mit der Erlaubnis ihres Herrn zu jeglichem Geheiß (= mit all dem, was Gott aufgetragen hat). Frieden ist sie bis zum Anbruch der Morgenröte< (Sure 96,1-5).
Im Alter von 40 Jahren, wurde Mohammed zum Gesandten Gottes. Das war im Jahre 610 n. Chr. Von dieser Erscheinung einigermaßen entsetzt, eilte er nach Hause, um Khadidja diese beunruhigende Vision zu erzählen. Khadidja aber ahnte, dass auf diese Weise Gott mit Mohammed gesprochen hatte. Sie glaubte seinen Erzählungen, auch einige Freunde schlossen sich an. Sie änderten ihren Lebensstil. Sie nahmen nicht nur die Gebete ernster, sondern beteten auch bewusst zu dem Einen Gott und versuchten, Ungerechtigkeit zu bekämpfen. Das wurde auch dadurch wirksam möglich, weil Khadidja diese kleine Glaubensgruppe gezielt unterstützte.

Mohammeds Predigten
Mohammed erzählte seine Erlebnisse und fand auch weitere Nachfolger; die meisten Mekkaner blieben aber skeptisch bis ablehnend. Insbesondere die Reichen fürchteten, dass Mohammeds Predigten von der Gerechtigkeit ihre blühenden Handelsgeschäfte und außerordentlichen Profite gefährden könnten.
Aufgrund seiner Gotteserfahrungen wagte es Mohammed schließlich, gegen die Göttinnen-Trinität in der Kaaba zu predigen und seine Mitbürger dazu aufzurufen, nur noch an den einen und einzigen Gott zu glauben ...

- **Ramadan – Monat der Versöhnung**[70]

Das **Fasten im Monat Ramadan** dient den Muslimen als Ritus zur Selbstvergewisserung und als bewusstes Symbol der Versöhnung. Der muslimische Fastenmonat beginnt im Jahr 2013 am **9. Juli** und endet am **7. August** mit dem **Fest des Fastenbrechens (arabisch: Id al-Fitr / türkisch: Ramasan Bayram).**
Die Verschiebung um etwa 11 Tage gegenüber dem Jahr 2012 hängt damit zusammen, dass der islamische Kalender sich nach dem Mondjahr ausrichtet. Der Ramadan 2013 findet also im Jahre 1433 nach der Hidschra (der Auswanderung Mohammeds aus Mekka) statt. Für 2014 liegt der Ramadan zwischen dem 28. Juni und dem 28. Juli.

[70] Zur Originalseite, hier: http://intra-tagebuch.blogspot.de/2012/07/ramadan-2012-islamischer-monat-der.html

Gefastet wird vom Sonnenaufgang bis zum Sonnenuntergang (Verzicht auf Essen und Trinken). Nach dem Nachtgebet wird dann mit Verwandten und Freunden festlich gespeist (Iftar).
Es hat sich eingebürgert, dass Christen Glückwünsche und Grußworte senden und oft zum Iftar eingeladen werden. Im Internet finden sich viele Beispiele für Festgrüße und Glückwunschkarten.

Eine Besonderheit innerhalb des Ramadan ist noch die **Nacht der Bestimmung / Lailat al-Qadr** am **4. August 2013 (= 24. Juli 2014)**, in der der Prophet Mohammed die erste Offenbarung empfing. Davon berichtet die **Sure 97**:

„Wahrlich, Wir haben ihn (den Qur'an) hinabgesandt in der Nacht von Al-Qadr. Und was lehr dich wissen, was die Nacht von Al-Qadr ist? Die Nacht von Al-Qadr ist besser als tausend Monate. In ihr steigen die Engel und der Geist herab mit der Erlaubnis ihres Herrn zu jeglichem Geheiß. Frieden ist sie bis zum Anbruch der Morgenröte.“[71]

- **Opferfest und Wallfahrt nach Mekka – Höhepunkte islamischen Glaubens**[72]

Vom 15.–17. Oktober 2013 **(2014 = 4.–7. Oktober)** feierten Muslime im Wallfahrtsmonat das **Opferfest** (arabisch: Id al-Adha [Eid al-Adha], türkisch: Kurban Bayrami). Im Mittelpunkt steht das unbedingte Vertrauen auf Gottes Barmherzigkeit.

Aus Anlass dieses Festes steht die auch aus der Bibel bekannte Erzählung von der beinahe erfolgten Opferung des Abraham-Sohnes. **Isaak** ist es in der Bibel, im Koran wird diese Geschichte auf **Ismael** bezogen (vgl. 1. Mose 22 und Sure 37, 100–113). Stattdessen wird ein Schaf geopfert. Aus diesem Grunde schlachten bzw. lassen viele Familien (die es sich leisten können) ein Schaf schlachten, das dann in drei Teile aufgeteilt wird – für die eigene Familie, befreundete Familien und Bedürftige.
Unmittelbar verbunden mit diesem Fest ist die **Hajj (Hadsch):** Mindestens einmal im Leben sollte jeder Muslim/jede Muslima (der/die die finanziellen Möglichkeiten dazu hat), die Hajj (Hadsch), also die **Pilgerreise** oder **Wallfahrt nach Mekka** begehen.

---

[71] Muhammad Ahmad Rassoul: Al-Qur'an Al-Karim und seine ungefähre Bedeutung in deutscher Sprache. Köln: islamische Bibliothek 1988, 3. Aufl.
[72] Vgl.: http://intra-tagebuch.blogspot.de/2012/10/opferfest-und-wallfahrt-nach-mekka.html

• Erinnerung an die Nachtreise des Propheten Mohammed

Nach dem islamischen Kalender, wurde der Prophet Mohammed in der Nacht des 27. Radjab visionär nach Jerusalem gebracht (vgl. Sure 17,1).
Diese Nacht (Lailat al-Isra´wa-l-Mi´radj) gehört zu den "5 heiligen Nächten" und wird mit besonderen Gebeten begleitet. Im Jahr 2013 lag dieser Festtag am 5./6. Juni. Da sich der religiöse Kalender des Islam nach dem Mond ausrichtet und das Mondjahr nur 354 Tage hat, verschiebt sich das Fest um jeweils 11 Tage in den folgenden Jahren in Richtung Mai.
Der Mohammed-Biograf **Ibn Ishaq** überliefert diese Nacht – und Himmelsreise so, dass dem Propheten das Reittier *Buraq* gebracht wird, das seinen Huf so weit setzt, wie sein Blick reicht. Mohammed wird durch den Engel Gabriel auf Buraq gehoben und kann so während der Reise die Wunder zwischen Himmel und Erde sehen.
In Jerusalem trifft er Abraham zum Gebet; und dann steigt der Prophet bis in den siebten Himmel auf. Unterwegs sieht er einige seiner Prophetenvorgänger.
Bei der Begegnung mit Gott im 7. Himmel legt ihm der Höchste 50 Gebete pro Tag für die Muslime auf, die Mohammed auf Anraten des Mose (in ähnlicher Weise wie Abraham in Sodom im Blick auf die Gerechten) auf fünf Pflichtgebete "herunterhandeln" kann.[73]

• Aschura – Erinnerung bei Schiiten, Sunniten und Aleviten

Nach dem islamischen Kalender liegt **Aschura** im **Monat Muharram** (Muharrem). Er wird mehrere Tage überwiegend von **Schiiten** und **Aleviten** gefeiert. Der 10. Tag ist der Höhepunkt dieser festlichen Trauer, des sog. **Muharram-Fastens.**
Nach dem Gregorianischen Kalender fällt das Aschura-Fest bei den Schiiten auf den 3. und bei den Aleviten auf den 6. November 2014.
Die **Aschura-Feiern** werden mit Prozessionen und "Passionsspielen" begangen, besonders im Iran, Irak, Pakistan und Indien. Man erinnert sich an das Leiden des Prophetenenkels **Hussein** (siehe Namens-Kalligrafie), eines der Söhne des Ali (Imam Ali), der im Kampf um die Kalifennachfolge den Märtyrertod bei Kerbela (im heutigen Irak) erlitt, nach christlicher Zeitrechnung im Jahre 680.
Interessant ist, dass auch **Sunniten Aschura** feiern. Im türkisch geprägten Islam ist Aschura das Fest der **Errettung Noahs mit seiner Arche am Berge Ararat.**
Am 10. Tag des Monats Muharram gibt es aus diesem Grund eine besondere Süßspeise mit 40 Zutaten.[74]

---

[73] Dialog-Journal: http://intra-tagebuch.blogspot.de/2013/05/nachtreise-und-himmelfahrt-des.html
[74] Weitere Informationen hier:
http://textmaterial.blogspot.de/2013/11/aschura-trauer-bei-schiiten-und-aleviten.html

• Feste der Aleviten

Das Alevitentum ist in der heutigen östlichen Türkei sowie dem nördlichen Irak und Iran entstanden. Die Aleviten verbinden islamische Elemente, von denen die schiitischen Einflüsse am stärksten sind. Sie haben jedoch eigene Rituale und Frömmigkeitsformen entwickelt, die vom traditionellen Islam teilweise erheblich abweichen.
In Deutschland gibt es in einigen Regionen eine beachtliche Zahl von ursprünglich türkischstämmigen Aleviten.
Der Alevismus nimmt in seinen Festen Grundstrukturen auf, die für alle Religionen kennzeichnend sind: Dank und Gotteslob, Fasten und Zeichen der Gastfreundschaft sowie die Mahnung zu tätiger Nächstenliebe.

Die wichtigsten Feste sind (im Blick auf das Jahr 2014):

- Fasten im Blick auf Hizir, den Beschützer der Gläubigen (vgl. Alevitische Gemeinde Kassel: 13.–15.02.2014)
- Nevruz /Nowruz: Geburtstag von Ali, Schwiegersohn Mohammeds (immer am 21.03.2014 – vgl. Homepage der Aleviten Deutschland)
- Erinnerung an Haci Bektaş Veli (immer 16.–18.08.2014)
- Muharrem-Fasten / Aschura: Trauer um den Prophetenenkel Hussein, der in der Schlacht bei Kerbela umkam (Erinnerungsfest bei Schiiten und Aleviten).[75]
- Gedenken an Abdal Musa. Er war ein alevitischer Vorbeter aus dem 13./14. Jahrhundert. Er lebte und wirkte im heutigen Iran (6.–7. Juni 2014).

• Islamische Theologie und Religionslehrerausbildung in Deutschland

Hier geht es neben der Bedeutung einer unabhängigen Islamischen Theologie besonders um das islamische Religionslehrerstudium, das eine adäquate Grundlage für einen ordentlichen (konfessionellen) Islamischen Religionsunterricht (RU) bieten soll. Die theologische Ausbildung von Imamen in Deutschland ist durch die Fragen um die Adäquatheit des Islamischen RU derzeit etwas in den Hintergrund getreten.[76]

Die politischen Entscheidungsträger in Bund und Ländern haben inzwischen organisatorisch umgesetzt, den Islam als Teil Deutschlands in die universitäre Lehre und Forschung einzugliedern.

---

[75] Siehe oben: Aschura, S. 67

[76] Alle Details und viele weitere informative Links zu diesem Artikel unter: http://intra-tagebuch.blogspot.de/2012/04/islamische-theologie-deutschen.html

An den etablierten **Universitätsstandorten für Islamische Religionslehrer-ausbildung** geht es um die wissenschaftliche Vergleichbarkeit mit den anderen universitären Disziplinen. Die ersten Erfahrungen wurden dort inzwischen gemacht: Details zu den Studienzentren für Islamische Theologie (s.u.)

Zwei Besonderheiten müssen bedacht werden:

1. Der **Alevismus** wird als eigenständige Bekenntnisgemeinschaft geführt. Daher gibt es in Nordrhein-Westfalen auch dafür einen regulären Unterricht
2. Die **Ahmadiyya** als islamische Sonderform hat in Hessen inzwischen den Status einer Körperschaft Öffentlichen Rechts.

Stand der Forschungs- und Ausbildungssituation zur Islamischen Theologie mit den Islamischen Lehrstühle für Theologie und Religionspädagogik an deutschen Universitäten (Januar 2014)

- **Universität MÜNSTER:**
  Der Leiter des **Zentrums für Islamische Theologie (ZIT)**, der ursprünglich aus dem Libanon stammende Prof. Dr. **Mouhanad Khorchide,** hat bereits notwendige Strukturverbesserungen unternommen, um ein unabhängiges Studium wissenschaftlich und didaktisch voranzubringen. Auch hat sich mit dem Islam-Studiengang der Universität Osnabrück eine gute Kooperation entwickelt. Inzwischen ist jedoch ein Streit im Gange, der besonders um die dialogisch offene Theologie von Mouhanad Khorchide kreist und für die (eher) konservativ geprägten islamischen Verbände zum Stein des Anstoßes geworden ist.

- **Universität OSNABRÜCK:**
  Zentrum für Interkulturelle Islamstudien (ZIS)
  Leitung: Prof. Dr. Bülent Ucar
  Publikation des Zentrums:
  HIKMA – Journal of Islamic Theology and Religious Education

- **Universität ERLANGEN-NÜRNBERG**: Interdisziplinäres Zentrum für Islamische Religionslehre (IZIR) – Leitung: Prof. Dr. Harun Behr
  Publikation des Zentrums: ZRLI - Zeitschrift für die Religionslehre des Islam

- **Universität TÜBINGEN**: Zentrum für Islamische Theologie (ZIHT)
  Leitung: Prof. Dr. Omar Hamdan. Ein *Bericht und der Studienplan Islamische Theologie* findet sich im Deutsch-Türkischen Journal vom 21.08.2013)

- **Universität FRANKFURT/M.**
  – in Verbindung mit der Universität Gießen:
  Erster Masterstudiengang für Islamische Studien läuft seit dem Wintersemester 2013/14. Im Juni 2013 wurde dafür das das Zentrums für Islamische Studien eröffnet (Bericht in RP-Online, 19.06.2013)
  Basis dieser Arbeit bleibt das schon länger existierende Institut für die Studien des Islam mit seinem Direktor Prof. Dr. Ömer Özsoy.
  --- Publikation des Zentrums: ZIS - Zeitschrift für Islamische Studien

- **Universität HAMBURG: Akademie der Weltreligionen**
  Leitung: Prof. Dr. Wolfram Weiße in Verbindung mit der Erziehungswissenschaftlichen Fakultät.
  Diese Einrichtung versucht, die verschiedenen Religionen im Rahmen der Universität ins Gespräch zu bringen und auf diese Weise die Lehrerausbildung interreligiös zu verstärken.
  Für die Islamwissenschaften zuständig ist die auch aus den Medien bekannte Professorin Katajun Amirpur.

- **Islamische Rechtstraditionen und Scharia**[77]

Diese inzwischen eingerichteten **islamischen Lehrstühle an deutschen Universitäten** ermöglichen auch eine größere Rechtssicherheit für den Islam in Deutschland. Zugleich wird islamisches Rechtsdenken in die Forschung und Lehre in den Rahmen der geltenden wissenschaftlichen Standards eingebunden.

Der Rechtswissenschaftler **Mathias Rohe** von der Universität Erlangen hat darauf schon vor längerer Zeit aufmerksam gemacht: Mehr dazu im Internetportal der deutschen Welle, Qantara.de vom 27.10.2011.

Rohe ist darüber hinaus ein vorzüglicher Kenner auch der islamischen Rechtstraditionen und der Bedeutung der **Scharia** (eigentlich: Der Weg zur Tränke bzw. Quelle). Er beschreibt sie als Rahmen der Lebensgestaltung im Blick auf islamische Rechtsetzungen.

Vgl. dazu besonders sein Buch: **Mathias Rohe: Das Islamische Recht. Geschichte und Gegenwart.** München: C.H. Beck 2009, 2. Aufl.

[77] Mehr Infos hier: http://textmaterial.blogspot.de/2012/12/islamische-rechtstraditionen-und-scharia.html

Für die Rechtsauslegung und die verschiedenen Rechtstypen im Islam (z.B. Familienrecht, Eigentumsfragen, Verhaltensnormen, Strafrecht) spielen die **Rechtsschulen (Fiqh-Schulen)** eine zentrale Rolle. Im sunnitischen Islam gibt es davon vier Hauptschulen mit einigen Untergliederungen.

Die Bundeszentrale für politische Bildung (bpb) hat in ihrem Online-Lexikon eine knappe und zutreffende Definition von **Scharia** gegeben:
„Scharia (arab. sharîa). Der Begriff wird im heutigen Sprachgebrauch für „islamisches Recht" verwendet, bedeutet im engeren Sinne jedoch die von Gott gesetzte Ordnung im Sinne einer islam. Normativität. Der Ruf nach Einführung der Scharia. ist gegenwärtig in vielen muslim. Staaten zu einem polit. Kampfbegriff geworden. Vordergründiger Ausdruck einer islam. Rechtsordnung ist die Anwendung der koran. Körperstrafen, was jedoch nur einen kleinen Teil des islam. Rechtssystems umfasst. In mehreren Staaten wird die S. heutzutage in der Verfassung ausdrücklich als Quelle der Rechtsschöpfung anerkannt (etwa in Ägypten, Bahrain, Jemen, Kuwait, Libanon, Sudan, Syrien und in den Vereinigten Arab. Emiraten). Einen Schritt weiter gehen Saudi-Arabien, Oman, Pakistan und neuerdings Afghanistan, in denen die S., von Ausnahmen in einzelnen Rechtsbereichen abgesehen, mit der Rechtsordnung gleichgesetzt wird".[78]

- **Buchbesprechung: Der Islam für Kinder und Erwachsene – sachgemäß und leicht verständlich**[79]

Lamya Kaddor / Rabeya Müller (Illustrationen: Alexandra Klobouk): Der Islam. Für Kinder und Erwachsene. München: C.H. Beck 2012.

Der Islam ist ein Dauerthema in Deutschland. Oft werden jedoch Halbwissen und Vorurteile zu einer polemischen Brisanz gemischt, der argumentativ schwer beizukommen ist. Die beiden Autorinnen bemühen sich seit Jahren kompetent, dem ein unverstelltes, ehrliches Bild vom Islam entgegenzusetzen.

Die thematische Zusammenstellung des Buches geht vom Glauben aus, und zwar im Blick auf das **Gottesverständnis** – erläutert an den 99 schönen Namen Gottes (Kap. 1: Viele Namen, ein Gott).
Dem folgt die Vorstellung der **Glaubenskonkretionen und Rituale** (Kap. 2: Fünf

[78] Autor Christian Müller: Centre National des Recherches Scientifiques, Paris, Arabistik
Quelle: Elger, Ralf/Friederike Stolleis (Hg.): Kleines Islam-Lexikon. Geschichte - Alltag - Kultur. München: Beck 2001. Lizenzausgabe Bonn: Bundeszentrale für politische Bildung 2002

[79] Vgl.: http://buchvorstellungen.blogspot.de/2012/09/dem-islam-ohne-vorurteile-begegnen.html

Säulen, ein Glaube). Dann kommt die **Moschee** als Gebäude, in ihrer Funktion mit ihrem „Personal" in den Blick (Kap. 3). Dasselbe gilt vom **Koran als Wort Gottes** (Kap. 4). Auch hier wird Grundsätzliches mit praktischer Orientierung verbunden (z.B. Speisegesetze).

Das Reizwort **Scharia** (Kap. 5) erfährt mit den entsprechend aufgearbeiteten historischen Hintergründen wie den Rechtsschulen eine sinnstiftende Orientierung im Sinne gelebter Rechtmäßigkeit, deren Basis der Koran ist. Der Stellung des **Gesandten/Propheten Mohammed** als Überbringer abschließender Offenbarung wird sowohl biografisch wie entwicklungsgeschichtlich nachgegangen (Kap. 6).

Dass die beiden Autorinnen die **Gender-Problematik, Sexualität und Ehe** im Islam in all ihren Schwierigkeiten sehen (Kap. 7), macht das Buch besonders sympathisch. Das gilt gerade für Begriffe wie Homosexualität, Zwangsheirat, Ehrenmord und Kopftuch.

Was **Tradition und Kunst** betrifft (Kap. 8), wird zum einen die kulturelle Offenheit des Islam im Prinzip herausgehoben, aber auch auf volkstümliche Vorstellungen (wie der „böse Blick") eingegangen. Schließlich wird das Bilderverbot und Karikaturenstreit präzise thematisiert.

Beim Thema der **Beziehungen zwischen den verschiedenen Mitmenschen und die Stellung der Religion in der Gesellschaft** sprechen die Autorinnen zum einen die Vernunftbezogenheit islamischen Denkens an, die Absage an jegliche Missionsbemühungen und den vom Koran gebotenen Respekt vor den Andersgläubigen (Kap. 9).

Im Kap. 10 über **Islam und Politik** werden die Grundmuster islamischer Verantwortung herausgestellt. Sie wehren sich gegen den „Heiligen Krieg" und den Märtyrer-Terrorismus und zeigen die Notwendigkeit moralischer Anstrengung (dschihad) als religiöse Pflicht.

Im 11. Kapitel steht die **islamische Vielfalt in Deutschland** im Mittelpunkt. Die Autorinnen machen deutlich, dass es „den" Islam nicht gibt, was auch ein Blick in die weltweite islamische „umma" zeigt.

Der Anhang thematisiert den **Umgang mit Bildern**. Das betrifft sowohl das islamische Bilderverbot wir die von Bildern geprägten Medien und den Stellenwert islamischer Medien in Deutschland überhaupt.

Bilanz: Die Autorinnen sind sich im Klaren, dass sie nicht *den* Islam repräsentieren, sondern ihre Sicht auf ihre Glaubenstradition darstellen. Als Sachbuch hält es zum einen wissenschaftlichen Kriterien stand und zum andern ist es eine Lektüre, die nicht langweilt. Im Sinne einer grundlegenden Information zum Islam ist dieses Buch darum sehr zu empfehlen.

yes

i want morebooks!

Buy your books fast and straightforward online - at one of world's fastest growing online book stores! Environmentally sound due to Print-on-Demand technologies.

Buy your books online at

www.get-morebooks.com

Kaufen Sie Ihre Bücher schnell und unkompliziert online – auf einer der am schnellsten wachsenden Buchhandelsplattformen weltweit! Dank Print-On-Demand umwelt- und ressourcenschonend produziert.

Bücher schneller online kaufen

www.morebooks.de

VDM Verlagsservicegesellschaft mbH

Heinrich-Böcking-Str. 6-8
D - 66121 Saarbrücken

Telefon: +49 681 3720 174
Telefax: +49 681 3720 1749

info@vdm-vsg.de
www.vdm-vsg.de

Printed by Books on Demand GmbH, Norderstedt / Germany